大数据视域下的
企业财务管理问题分析

魏青琳 著

中国商业出版社

图书在版编目（CIP）数据

大数据视域下的企业财务管理问题分析 / 魏青琳著
. -- 北京 : 中国商业出版社, 2023.12
ISBN 978-7-5208-2751-5

Ⅰ. ①大… Ⅱ. ①魏… Ⅲ. ①企业管理－财务管理－
研究 Ⅳ. ①F275

中国国家版本馆 CIP 数据核字(2023)第 231697 号

责任编辑：聂立芳
策划编辑：张　盈

中国商业出版社出版发行
（www.zgsycb.com　100053　北京广安门内报国寺1号）
总编室：010-63180647　　编辑室：010-63033100
发行部：010-83120835/8286
新华书店经销
三河市悦鑫印务有限公司印刷
*
710毫米×1000毫米　16开　11.5印张　205千字
2023年12月第1版　2023年12月第1次印刷
定价：78.00元
* * * *
（如有印装质量问题可更换）

前　言

PREFACE ◎

大数据时代的到来，使企业面临着海量的数据和复杂的信息，同时也使传统的财务管理方法面临着一系列的挑战。在这样的背景下，如何利用大数据技术改进和完善企业的财务管理就成了一个亟待解决的问题。本书的写作旨在为读者提供一种全新的视角和方法，以应对大数据时代对企业财务管理带来的挑战，帮助读者更好地理解大数据时代对企业财务管理的影响，掌握大数据技术在财务管理中的应用方法，提高企业的财务决策能力和风险管理水平。通过本书的阅读，读者将能够了解大数据时代财务管理的特点和发展趋势，掌握相关的技术和方法，同时提高自身的财务素养和管理能力。

本书共分为七章，第一章企业财务管理概述，介绍了企业财务管理的研究对象、目标、环境、环节等方面的内容，为读者提供了对企业财务管理的整体认识。第二章大数据时代的财务管理，分析了大数据技术的特点以及传统财务管理面临的问题，探讨了大数据与现代财务管理的契合性。第三章至第七章分别从筹资与投资决策、全面预算管理、财务分析、财务评价以及财务管理发展与转型等方面，详细介绍了大数据技术在企业财务管理中的应用方法和实践案例。

本书在深入研究大数据时代企业财务管理发展趋势的基础上，结合多年的实践经验，对企业财务管理的各个方面进行了全面而深入的剖析，重点突出以下几个特点：

（1）全面性。本书涵盖了大数据时代企业财务管理的各个方面，包括企业财务管理的研究对象、目标、环境、环节、筹资与投资决策、全面预算管理、财务分析、财务评价以及财务管理的发展与转型等内容，具有很强的全面性。

（2）针对性。本书针对大数据时代企业财务管理的特点和发展趋势进行了深入的分析和研究，提出了相应的应对策略和解决方案，具有很强的针对性。

（3）前沿性。本书紧跟时代步伐，对大数据技术在财务管理中的应用进行了深入的研究和分析，介绍了最新的理论和实践成果，具有很强的前沿性。

尽管我们在撰写本书时已经竭尽全力，但仍然可能存在不足，非常期待读者能够从本书中获得启发，同时也欢迎读者对本书提出宝贵的意见和建议，让我们共同进步。最后，要感谢所有为本书的撰写和出版提供支持和帮助的人，并期待与读者一起在大数据时代的企业财务管理领域中，共同探索、学习和进步。

作　者

2023 年 11 月

目 录

CATALOG ◎

第一章　企业财务管理概述

在市场经济的大环境下，企业的目标是盈利。企业要在不断的生产和经营活动中获得经济利润。在此过程中，企业需要对支出的成本和获得的收益进行管理，这就是企业的财务管理。企业的生产和经营活动是一个连续不断的过程，因此，在企业的生产经营中，对利润及成本的管理也是一个不断循环的过程。财务活动作为企业在生产过程中客观存在的现象，其产生和发展必然有其规律，企业只有掌握了这种规律并对规律加以运用，才能为企业带来更多的收益。本章主要从企业财务管理的研究对象、目标、环境以及环节四个方面对企业财务管理进行简要的介绍和分析。

第一节　企业财务管理的研究对象

随着市场经济的发展和全球化的加速，企业财务管理在企业运营中的作用越来越重要。企业财务管理旨在规划和控制企业的财务活动，从而实现企业价值的最大化。这里我们将探讨企业财务管理的研究对象，深入剖析企业的财务活动和财务关系，以期为企业财务管理的实践提供理论支持。

一、企业的财务活动

企业财务管理的对象就是企业在生产过程中的财务活动。所谓财务活动，是指企业的资金从货币形态转变成为企业形态，然后又恢复货币形态的过程。

（一）财务活动存在的客观必然性

财务活动存在的客观必然性主要是由市场经济的特性所决定的。

在市场经济条件下，企业的生产经营过程表现为商品的生产和交换过程。由于商品具有使用价值和价值的双重属性，企业的再生产过程一方面表现为使用价值的生产和交换过程，另一方面表现为价值的形成和实现过程。为了更好地适应市场经济，企业需要管理和规划好自己的财务活动，确保自身的生存和发展。

财务活动可包括资金筹措、资金投放、资金营运和资金分配等，它们都是为了帮助企业在市场经济中实现价值增值。为了更好地应对市场变化，企业需要不断调整和优化自己的财务结构，以及制定相应的财务策略，以此来提升自身的竞争力。

财务活动存在的客观必然性还受到企业内外环境因素的影响。例如，随着经济全球化的不断发展，企业面临的竞争压力逐渐增大，因此需要更多的资金来支持自身的发展。此外，随着科技的不断发展，企业也需要不断地更新设备和技术，这同样需要大量的资金投入。

财务活动存在的客观必然性是由市场经济的特性所决定的，同时也会受到企业内外环境因素的影响。

（二）企业财务活动的过程

企业的财务活动在具体流通过程中要经历以下三个环节。

1. 资金的筹集

资金筹集是企业财务管理中的重要环节，是企业为了维持日常运营、扩大规模、研发新产品等目的，通过一定渠道和方式获取资金的过程。下面将从企业财务过程的角度对企业筹资进行认识。在资金筹集阶段，企业需要根据自身的经营状况、资金需求和战略目标，通过选择合适的筹资渠道和方式来获得所需资金。

在市场经济条件下，企业需要资金支持其日常运营、研发新产品、拓展新市场等。因此，筹资成为企业获取资金的重要手段。企业可以通过发行股票、债券，向银行等金融机构借款，或者通过商业信用等方式进行筹资。不同的筹资方式和渠道有不同的优缺点和风险收益特征，企业需要根据自身实际情况和战略目标进行选择。投资者希望通过投资获得回报，而债权人希望获得利息收入。因此，企业在筹资过程中需要平衡双方的利益关系，制定合理的筹资方案，并严格履行相关协议和承诺。企业筹资也伴随着一定的风险和成本。企业需要科学预测资金需求量，选择合适的筹资渠道和方式，以降低资本成本和风险。此外，企业还需要考虑不同筹资方式的税务影响，合理规划税收支出。

企业资金筹集是企业财务管理中的重要环节，它需要充分考虑各种因素和利益关系。企业需要在科学预测资金需求量的基础上，选择合适的筹资渠道和方式，制定合理的筹资策略和方案，以实现企业的可持续发展和价值的最大化。

2．资金的运用

企业财务运作过程是指企业从获取资金、规划资金、使用资金到回笼资金的过程。在这个过程中，资金的运用与管理起到了至关重要的作用。下面我们就来详细探讨一下企业资金的运用。

企业在获取资金后，需要根据自身的经营状况和市场环境，制定合理的财务策略，进行资金的规划。这包括对资金的流动性、安全性和效益性的综合考虑。同时，企业还应考虑如何通过合理的方式来降低财务成本，提高资金使用效率。

在资金的运用阶段，企业需要做好资金的分配和调度。具体来说，要根据实际需求，将资金合理分配到不同的业务部门和项目中去。同时，还需要对资金的使用进行实时监控，确保资金的合理使用和避免浪费。企业还应通过科学的方法来管理往来款项。这包括对应收账款的合理控制和催收，以及对应付账款的有效管理等。通过合理的往来款项管理，可以更好地提高资金的使用效率，减少财务风险。

在资金回笼阶段，企业需要通过良好的销售策略和收款政策来确保资金的及时回笼。同时，还需要对未及时收回的款项进行合理分析和处理，避免形成坏账和损失。

只有通过科学合理的资金管理策略和运作方式，才能更好地降低财务风险，提高企业的经营效益。因此，企业管理者应该加强对资金运用的重视和管理，确保企业的持续健康发展。

3．资金的分配

企业资金分配是指将企业财务运作过程中的资金按照一定的方式和标准，将其用于不同的方面或领域，以满足企业日常运营和发展的需要。企业财务运作过程包括财务活动和财务关系两个方面，其中资金分配主要涉及财务活动中的资金运用环节。具体而言，资金分配包括以下几个方面。

（1）经营性资金分配。经营性资金分配是企业将资金用于日常运营、生产、销售等环节，以满足企业日常生产和经营的需要。这种资金分配通常包括原材料采购、生产设备维护、员工工资、管理费用等方面的支出。

（2）投资性资金分配。投资性资金分配是企业将资金用于投资活动，以扩大企业规模、提高企业竞争力。这种资金分配通常包括对内投资和对外投资两个方面，其中对内投资主要用于购置固定资产、无形资产等长期资产，而对外投资则主要用于购买其他企业的股票、债券等金融资产。

（3）筹资性资金分配。筹资性资金分配是企业通过筹资活动获得资金的过程。这种资金分配通常包括发行股票、债券，向银行借款等方面的活动。

（4）财务性资金分配。财务性资金分配是企业将资金用于财务管理和会计核算等方面，以保障企业财务运作的有序性和规范性。这种资金分配通常包括财务费用、税费等方面的支出。

企业资金分配是企业财务运作过程中的重要环节，它需要根据不同方面的需求和实际情况，选择不同的分配方式和标准，以满足企业日常运营和发展的需要。同时，资金分配也需要科学合理地进行规划和管理，避免出现浪费或短缺的情况，以保障企业财务运作的稳健性和可持续发展。

二、财务关系

财务关系就是企业在资金运动过程中与各有关方面发生的经济利益关系。企业财务关系主要表现在以下几个方面。

（一）企业与投资者、被投资者之间的财务关系

企业从投资者处筹集资金，用于自身的生产经营活动。如果企业有闲置资金或资源，也可以向其他单位进行投资。投资者将资金或资源投入企业，期待获得回报，而企业则需通过有效的经营产生利润，同时，满足投资者的收益期望。

企业与投资者和被投资者的财务关系在性质上属于所有权关系。投资者拥有企业的所有权，包括企业的资产、负债、所有者权益等，并据此享有企业的收益、分红等权益。同样，被投资者也拥有企业的所有权，不过是从另一个角度来说，即通过接受企业的投资而拥有企业的部分所有权。

企业在处理与投资者和被投资者的财务关系时，必须维护各方合法权益，遵守相关法律法规和公司章程的规定，确保公平公正。同时，还要积极采取措施提高资产质量，降低财务风险，实现可持续发展。

（二）企业与债权人、债务人之间的财务关系

企业与债权人之间的财务关系，主要是指企业向债权人借入资金，并按借款合同的规定，按时支付利息和归还本金所形成的经济关系。在这种关系中，债权人拥有对企业的债权，企业则通过借款合同赋予债权人特定

的权利，如请求企业为或不为一定行为（包括作为和不作为）的权利。

企业与债务人之间的财务关系，主要是企业以购买股票或直接投资的形式向其他企业或个人进行投资，从而形成的一种债权债务关系。在这个过程中，企业既是债权人，也是债务人。

企业的债权人可能包括债券持有人、贷款机构、商业信用提供者以及其他出借资金给企业的单位和个人。这些债权人通过提供资金给企业，获取相应的利息回报，并有权在约定日期要求企业归还本金。而企业作为债务人，必须按照借款合同的约定，按时支付利息和归还本金，否则可能面临法律诉讼等风险。

企业与债权人和债务人之间的财务关系是相互依存的。这种关系在一定程度上可以优化企业的资本结构，提高资产质量和运作效率，但同时也存在风险和挑战。因此，企业在处理这些财务关系时，需要综合考虑各种因素，维护自身的利益和可持续发展。

（三）企业同税务机关之间的财务关系

企业与税务机关之间的财务关系主要体现为依法纳税和依法征税的税收权利义务关系。企业作为纳税人，应按照国家税法的规定，及时足额地缴纳各种税款，包括所得税、流转税和计入成本的税金等。这是企业生产经营过程中应尽的义务，企业必须认真履行这一义务，并接受税务机关的指导和监督。另外，税务机关作为征税主体，需按照税法规定，采取科学的方法对企业的纳税行为进行征收、管理和稽查，同时也需向企业提供相关税收法规的咨询和辅导等服务。在这个过程中，税务机关需要对企业提供的涉税资料和申报数据进行审核、审批、核算和监督等，以保障税收征管的合法性和规范性。

此外，企业的财务状况和纳税情况也会对税务机关的决策和监管产生影响。例如，税务机关可以通过分析企业的财务报表和纳税申报数据，评估企业的经营状况和信用等级，进而采取相应的税收政策和措施。

（四）企业内部各单位之间的财务关系

企业内部各单位之间的财务关系，主要体现在企业实行内部经济核算制的条件下，企业供、产、销各部门以及各生产单位之间，相互提供产品和劳务要进行计价结算。这些内部单位之间的财务关系，是在企业内部形成的资金结算关系，体现了企业内部各单位之间的利益关系。这种关系主要涉及以下几个方面。

（1）内部各单位之间的经济核算。企业内部各单位之间，通过相互提供产品、劳务和资金结算等方式，形成了一种经济核算关系。这种关系主要表现在企业内部各单位之间的交易和结算过程中，需要遵循公平、公正和等价交换的原则，明确各方的权利和义务。

（2）内部各单位之间的利益关系。企业内部各单位之间的财务关系，实质上是一种利益关系。这种利益关系体现在企业内部各单位的经济利益和利润分配等方面。例如，生产单位的销售额和销售成本、供销单位的采购价格和销售价格、管理部门的管理费用和工资支出等，都涉及企业内部各单位之间的利益关系。

（3）内部各单位之间的成本控制。企业内部各单位之间的财务关系，也体现在成本控制方面。企业内部各单位之间需要控制各自的费用、成本和开支，以确保整个企业的经济效益最大化。同时，各单位之间也需要通过成本控制来实现资源的优化配置和合理利用，以实现整个企业的可持续发展。

企业内部各单位之间的财务关系是一种密切相关的经济关系。这种关系的有效管理和协调，将有助于提高企业的整体经济效益和核心竞争力。

（五）企业同职工之间的财务关系

企业与职工之间的财务关系，主要体现在企业向职工支付工资、奖金、津贴等劳动报酬，以及为职工缴纳五险一金等福利保障的方面。

首先，企业向职工支付的劳动报酬是企业和职工之间最直接的经济利益关系。这些报酬主要包括工资、奖金、津贴等，是企业为了获得职工提供的劳动而支付给职工的劳动报酬。这些报酬的数量和支付方式，往往会影响到职工的工作积极性和工作效率，进而影响到企业的发展和竞争力。

其次，企业还负责为职工缴纳五险一金等福利保障。这些福利保障包括养老保险、医疗保险、失业保险、工伤保险、生育保险和住房公积金等，是为了保障职工在遇到各种风险和困难时能够得到相应的帮助和支持。这些福利保障的缴纳，不仅能够提高职工的工作积极性和工作效率，同时也能够增强企业的凝聚力和向心力。

最后，企业与职工之间的财务关系还涉及职工持股计划、职工福利基金等方面。例如，企业可以给予职工一定比例的股份，让职工成为企业的所有者之一，从而更加关注企业的发展和效益。同时，企业还可以设立职工福利基金，用于为职工提供各种福利待遇和奖励，如旅游、培训、假期等。

企业与职工之间的财务关系是一种密切相关的经济关系。这种关系的有效管理和协调，将有助于提高职工的工作积极性和工作效率，增强企业的凝聚力和向心力，从而推动企业的可持续发展和经济效益的提升。

第二节　企业财务管理的目标

在市场经济的大环境下，企业的经营管理工作的首要目标就是要实现经济效益的提升，也就是尽可能以最小的付出换回最大的收获。

一、利润最大化

企业利润最大化是一个综合性的目标，需要通过多种手段和措施来实现。在这个过程中，需要平衡好企业长期发展和短期盈利之间的关系，并考虑如何提高企业的可持续性和竞争力。同时，还需要注意到利润最大化不等于不择手段地追求利润，而是要在遵守法律法规和商业道德的前提下，合法合规地实现利润的最大化。

（一）利润最大化对企业的意义

1．满足企业生存和发展的需求

企业要实现长期稳定的发展，就必须有足够的利润来支持。没有足够的利润，企业将难以维持正常的经营和扩大再生产，利润是企业生存和发展的基础。因此，将利润最大化作为企业财务管理目标，有助于满足企业生存和发展的需求。

2．提高企业的市场竞争力和品牌影响力

在市场经济环境下，企业的竞争十分激烈。如果一个企业能够通过财务管理实现利润的最大化，那么它将在市场竞争中具有更大的优势和更高的竞争力。同时，利润最大化的实现也有助于提高企业的品牌影响力和市场声誉，从而吸引更多的客户和投资者。

3．实现股东财富的最大化

企业的所有者是股东，股东的财富是通过企业的市场价值来体现的。如果企业能够通过财务管理实现利润的最大化，那么企业的市场价值也将随之提高，从而股东的财富也将得到增加。这有助于增强股东对企业的信心和投资意愿，进一步促进企业的发展。

4．促进企业社会责任的履行

企业作为社会的一员，在追求利润最大化的同时，也需要积极履行社会责任。例如，企业可以通过财务管理来控制成本和排放，从而实现资源的节约和环境的保护，这有助于提高企业的社会形象和声誉，进一步增强企业的可持续发展能力。

企业财务管理目标下的利润最大化的意义主要体现在满足企业生存和发展的需求、提高企业的市场竞争力和品牌影响力、实现股东财富的最大化、促进企业社会责任的履行等方面。但同时也要注意到，利润最大化并不意味着一切为了利润而不顾其他，企业还需考虑长远发展、社会责任等因素，需要在利润和其他因素之间进行权衡和取舍。

（二）利润最大化的弊端

除了上述提到的弊端，企业财务管理目标下的利润最大化的还存在其他一些问题，包括以下几个方面。

1．缺乏稳健性

利润最大化往往会使企业过于追求短期高利润，而忽略稳健性和风险控制。这可能会导致企业在经营过程中为了追求高利润而采取一些高风险、高收益的策略，而一旦出现风险或不确定性，就可能给企业带来较大的损失。

2．不利于企业的品牌形象

在市场上，如果企业为了追求利润最大化而采取一些不利于消费者或行业整体发展的策略，可能会受到消费者的抵制和行业的谴责，从而损害企业的品牌形象和声誉。

3．难以衡量和评估

利润最大化是一个较为抽象和难以衡量的指标，不同企业之间的利润水平可能存在较大差异，而且利润水平也受到多种因素的影响。这使得利润最大化难以被准确地衡量和评估，也增加了企业间比较和评估的难度。

4．容易受到市场波动的影响

企业的利润水平受到市场波动的影响较大，尤其是一些市场变化可能导致企业利润水平的波动。这使得企业难以预测和控制自身的利润水平，增加了企业的不确定性和风险。

企业财务管理目标下的利润最大化的弊端主要表现在缺乏稳健性、不利于企业的品牌形象、难以衡量和评估以及容易受到市场波动的影响等方面。为了解决这些问题，企业需要将财务管理目标从单一的利润最大化向多元化目标转变，注重稳健性、品牌形象、可衡量性和市场稳定性等方面，从而实现企业的可持续发展。

二、资本利润率最大化或每股利润最大化

资本利润率最大化和每股利润最大化是财务管理中常见的目标，它们在实现方式、优缺点和意义方面存在一些不同。

资本利润率最大化是指企业通过提高资本使用效率、降低成本和提高利润率等方式，使企业的资本收益最大化。这个目标通常适用于已经具有一定规模和资本基础的企业，可以通过优化运营、降低成本和提高产品或服务质量等方式来实现。而每股利润最大化则是将企业的利润与股东的股票数量联系起来，通过提高每股的收益水平来实现企业利润的最大化。这个目标通常适用于股份制企业或上市公司，可以通过优化资本结构、提高企业盈利能力等方式来实现。

资本利润率最大化和每股利润最大化的意义在于以下几个方面。

（一）企业盈利能

无论是资本利提高润率最大力化还是每股利润最大化，最终目的都是提高企业的盈利能力和利润水平。这意味着企业可以通过优化运营、降低成本、提高产品或服务质量等方式来增加盈利，从而提高企业的竞争力和市场地位。

（二）满足股东利益

每股利润最大化是股份制企业或上市公司中股东财富最大化的体现。这意味着企业可以通过提高每股利润水平来满足股东的利益诉求，增加股东的财富和回报。

（三）优化资源配置

资本利润率最大化和每股利润最大化都可以优化企业的资源配置。在实现这些目标的过程中，企业需要对资本和资源进行合理配置和优化使用，

以提高效率和降低成本，从而实现资源的最佳利用和企业的可持续发展。

（四）激励员工和股东

企业通过实现这些目标来激励员工和股东，提高员工的工作积极性和股东的投资热情。这些目标的实现可以使员工和股东获得更多的回报和收益，促进企业和利益相关者的共赢。这两种目标也存在一些缺点和限制。例如，过度追求这些目标可能会导致企业忽略长期发展和社会责任等其他重要因素。因此，在实现这些目标的过程中，需要综合考虑企业的实际情况、市场环境和社会需求等因素，以实现可持续发展和综合效益的最大化。

三、企业价值最大化

企业价值最大化强调企业长期稳定发展，最大化考虑了资金的时间价值和风险与报酬的关系，有助于确保企业在长期运营中获得稳定的发展。相比之下，追求利润最大化可能会导致企业过度关注短期利益，忽视长远发展。企业价值最大化强调考虑多方利益，不仅关注股东的利益，还考虑了其他利益相关者的诉求，包括员工、供应商、客户等。这有助于平衡各方利益，增强企业的协作与共赢。企业价值最大化强调对风险与报酬的权衡，这有助于企业在风险控制和价值创造之间取得平衡，确保企业的稳健发展。

虽然以企业价值最大化对企业的发展具有重要的意义，但是要注意避免其不足和缺陷，具体包括以下几点。

（一）难以准确评估企业价值

企业价值最大化目标的核心是评估企业的价值，但实际操作中往往存在主观和客观因素的影响，导致评估结果不够准确。此外，不同利益主体对价值的理解也可能存在差异，导致决策过程中存在争议。

（二）可能导致短期行为

尽管企业价值最大化强调长期稳定发展，但在实践中，各利益相关者可能会为了自身利益而采取短期行为，损害企业的长远发展。例如，股东可能更关注股利分配而非企业的长期投资。

（三）信息披露与市场定价

为实现企业价值最大化，需要依赖完善的信息披露机制和市场定价功能。如果这些条件不满足，企业价值最大化的目标就难以实现。

企业价值最大化的实现需要对企业进行全面的评估和预测，这需要大量的数据支持和专业的分析能力，实施难度较大。尤其对于一些非上市公司或规模较小的公司来说，实施起来较为困难。

企业价值最大化在企业经营层面有积极意义，但也存在一些实施难度和局限性。在实践中，我们需要根据企业的具体情况和所处的环境来选择合适的财务管理目标。

四、相关利益者利益最大化

相关方利益最大化是指企业在财务管理过程中，不仅要考虑自身的利益，还要考虑供应商、客户、员工等其他利益相关者的利益，实现互利共赢的目标。这个目标强调企业不仅要关注自身的经济利益，还要关注其他利益相关者的利益，并以此为基础进行财务管理决策。

（一）实现互利共赢

相关方利益最大化的目标要求企业在财务管理过程中考虑其他利益相关者的利益，这有助于实现互利共赢的目标。在市场竞争中，企业与其他利益相关者之间存在密切的联系和相互依存关系，只有通过互利合作才能实现共同发展和繁荣。这种合作与共赢的方式可以促进企业与供应商、客户和员工等建立长期稳定的合作关系，共同应对市场风险和挑战。

（二）增强社会责任感

相关方利益最大化的目标要求企业关注社会责任和公共利益，这有助于增强企业的社会责任感。企业在经营过程中不仅要关注自身的经济利益，还要关注对环境、社会和公共利益的贡献，以此树立良好的企业形象和声誉。通过考虑其他利益相关者的利益，企业可以建立更加稳健和可持续的经营模式，提升企业的整体价值和市场竞争力。这也有助于增强企业的财务绩效和盈利能力，实现企业的长期稳定发展。

（三）促进企业的长期发展

相关方利益最大化的目标要求企业考虑长期发展和可持续发展，这有助于企业制定更加稳健和可持续的财务策略。企业与其他利益相关者之间的合作关系可以促进企业的创新和发展，增强企业的竞争力和可持续发展能力。同时，关注其他利益相关者的利益也可以帮助企业及时发现并应对市场变化和风险挑战，提高企业的应变能力和适应性。

（四）提升企业价值

通过考虑其他利益相关者的利益，企业可以建立更加稳健和可持续的经营模式，提升企业的整体价值和市场竞争力。这也有助于增强企业的财务绩效和盈利能力，实现企业的长期稳定发展。相关方利益最大化还可以帮助企业建立品牌形象和信誉，获得更多的市场份额和客户信任，提高企业的市场地位和影响力。

在实践过程中，相关方利益最大化可能存在一些实施难度和挑战。例如，如何准确评估其他利益相关者的利益以及如何在不同利益之间进行权衡等。因此，企业在实现相关方利益最大化的目标时，需要综合考虑企业的实际情况、市场环境和其他因素，以制定合适的财务策略和决策方案。同时，企业还需要建立完善的信息披露机制和管理体系，确保信息的透明度和公正性，增强利益相关者对企业的信任和认可。

相关方利益最大化是一种具有重要意义的财务管理目标，它可以促进企业的可持续发展和社会责任的履行，增强企业的竞争力和市场地位，同时还可以帮助企业建立品牌形象和信誉。因此，企业应该在实际财务管理过程中注重考虑相关方利益，以实现互利共赢、共同发展的目标。

第三节　企业财务管理的环境

企业财务管理的环境，也称为“理财环境”，主要是指对企业财务活动产生影响的企业外部条件。这些外部环境可以包括法律环境、金融市场环境和经济环境。企业本身作为一个系统，包括人事、财务、销售、工程技术等多个子系统，这些子系统之间以及与外部环境之间都存在着相互影响的关系。因此，企业在进行财务活动时，需要同时关注环境对企业的有利和不利因素，以及企业活动对财务管理环境的影响。

一、企业财务管理的经济环境

企业财务管理的经济环境是企业财务管理策略制定的重要考虑因素之一。经济环境包括宏观经济状况、通货膨胀、货币政策、市场竞争环境、技术进步、政治和法律环境等多个方面，这些因素之间相互作用，共同影响着企业的财务管理决策。下面将从这些因素入手，对经济环境进行深度分析。

企业财务管理的经济环境可以大致分为宏观经济环境和微观经济环境两种。

（一）宏观经济环境

1. 经济状况

经济状况是指一个国家或地区的总体经济运行情况，包括经济增长、失业率、通货膨胀率、利率等多个指标。这些指标的变化会影响企业的经营和财务状况，因此企业必须密切关注宏观经济状况，以便及时调整财务管理策略。

经济增长率的提高会带来企业销售收入和利润的增长，从而提高企业的资金流动性，为企业的扩张和投资提供更多的机会。而经济增长率的下降则会导致市场需求下降、企业销售收入和利润减少，企业需要更注重成本控制和风险管理。

2. 通货膨胀

通货膨胀会使得企业原材料和人工成本上涨，但产品售价不能相应提高，从而降低企业的利润。此外，通货膨胀还会导致企业资产的购买力下降，影响到企业的投资能力和债务偿还能力。

通货膨胀对于企业财务管理的影响主要体现在以下几个方面。

（1）影响企业成本结构和利润水平。通货膨胀会导致企业原材料和人工成本的上涨，这些成本上涨通常会比货币价值上升更快，因此企业的成本结构会发生变化，利润水平也会受到影响。

（2）影响企业的投资决策。通货膨胀会导致企业资产的购买力下降，企业需要考虑投资高通胀预期的资产来保持资产的增值保值。

（3）影响企业的债务管理。通货膨胀会导致债务的实际利率上升，企业需要更加注重债务管理，以避免财务风险的发生。

3. 货币政策

货币政策是中央银行通过调节货币供应量和利率来影响经济活动的政策。中央银行可以通过扩张或紧缩的货币政策来影响企业的融资成本和融资渠道。例如，在扩张的货币政策下，中央银行会扩大货币供应量来刺激经济增长，利率可能会下降，从而降低企业的借款成本；在紧缩的货币政策下，中央银行会减少货币供应量来控制通货膨胀，利率可能会上升，从而增加企业的借款成本。

此外，货币政策的变动还会影响企业的债务管理。例如，在扩张的货币政策下，企业的债务实际利率可能会下降，有利于债务融资；在紧缩的货币政策下，企业的债务实际利率可能会上升，企业需要更加注重股权融资来补充现金流。

4．市场竞争环境

企业所处的行业竞争环境也会对其财务管理产生影响。在高度竞争的市场环境中，企业可能需要通过降价、提高产品质量或开发新产品等方式来提高市场占有率，这些策略可能会增加企业的销售收入和利润水平；而在低度竞争的市场环境中，企业可能需要通过提高品牌价值、加强客户关系等方式来提高市场份额和利润水平。不同的竞争环境需要企业采取不同的财务管理策略来应对。

（二）微观经济环境

企业财务管理的微观经济环境是指与企业自身相关的各种经济因素，包括企业的内部管理、市场需求、竞争对手、供应商等。这些因素之间相互作用，共同影响着企业的财务管理决策。

1．企业内部管理

企业内部管理是企业财务管理的重要环节之一。企业内部管理的水平直接影响着企业的财务管理效果和经营效益。企业内部管理的重点在于建立完善的财务管理制度、科学的组织架构和高效的管理团队。通过建立完善的财务管理制度，可以使企业的财务活动更加规范化和标准化，降低财务风险的发生概率；通过科学的组织架构，可以使企业的财务资源得到更加合理的分配，提高企业财务管理的效率；通过高效的管理团队，可以使企业的财务管理更加及时、准确和有效。

2．市场需求

市场需求也是影响企业财务管理的重要因素之一。市场需求的变化会影响企业的销售收入和利润水平，从而影响企业的财务状况。企业需要密切关注市场需求的动态变化，及时调整财务管理策略。例如，当市场需求增加时，企业可以扩大生产规模，提高销售收入；当市场需求减少时，企业需要控制成本，减少库存等。

3．竞争对手

竞争对手是指与企业生产相同或类似产品的企业。竞争对手的策略和行为会对企业的财务管理产生影响。例如，竞争对手为了抢占市场份额，可能会采取降价等策略，这会对企业的销售收入和利润水平产生影响。企业需要密切关注竞争对手的动态，以便及时调整财务管理策略。

4．供应商

供应商是指为企业提供原材料、设备和服务的公司或个人。供应商的信用等级、产品质量、价格等都会影响企业的财务管理效果。企业需要选择信用等级高、产品质量好、价格合理的供应商，以便降低采购成本和财务风险的发生概率。

综上所述，企业财务管理的微观经济环境是一个多维度的复杂系统。企业需要全面考虑企业内部管理、市场需求、竞争对手和供应商等多个因素，并灵活调整财务管理策略以适应不断变化的市场环境，从而取得长期稳定的发展，并实现企业的财务目标。

二、企业财务管理的法律环境

企业财务管理的法律环境是指企业在进行经济活动和财务管理过程中所应遵守的各种法律、法规和规章。这些法律、法规和规章不仅规范了企业的经济行为，也为企业提供了必要的法律保障。

（一）企业组织法律规范

企业组织法律规范涉及企业的组织形式、公司治理结构等方面，是保证企业正常运营和规范财务管理的基础。

公司法规定了公司的设立、组织形式、治理结构等内容。它确定了公司的基本制度框架，规范了公司的组织形式、管理机构和财务制度等方面的行为。

企业法规定了不同类型企业的组织形式、管理机构和财务制度等方面的内容。这为企业选择适合自己的组织形式、管理机构和财务制度提供了法律依据。

（二）税收法律规范

税收法律规范涉及企业的税收政策、税率和纳税义务等。税法是这方面的主要法律，规定了各种税收政策、税率和纳税义务等。税收征收管理法规定了企业纳税的基本程序、权利和义务等方面的内容，保障了税收的合法性和公正性。各种税法规定了不同税种的税率、纳税义务等具体内容，为企业提供了明确的纳税指引。

（三）证券法律规范

证券法律规范涉及企业的证券发行、交易和上市等方面，如证券法规定了证券的发行、交易、上市等方面的规定。这部分法律为企业筹措资金提供了法律依据和保障，同时也为企业投资提供了规范的规则和机会。

证券投资基金法规定了证券投资基金的设立、管理、运营等方面的内容，为企业投资提供了新的途径和选择。

（四）合同法律规范

合同法律规范涉及企业与其他企业或组织签订的经济合同。合同法是企业经济活动中最常用的法律，规定了合同的订立、效力、履行、变更和终止等方面的内容。它保障了企业经济合同的合法性和有效性，规范了各方权利和义务，有利于维护正常的经济秩序。

担保法规定了担保的类型、效力等方面的内容，为企业提供了一种有效的风险管理手段。

（五）金融法律规范

金融法律规范涉及企业的金融活动，包括银行、证券、保险等领域。例如，银行法规定了银行的设立、经营范围、风险管理等方面的内容；证券法规定了证券的发行、交易和上市等方面的规定；保险法规定了保险公司的设立、经营范围、保险合同等方面。这部分法律为企业提供了必要的金融服务和保障，也有助于规范企业的金融行为和防范金融风险。

（六）结算法律规范

企业财务管理的重要组成部分是资金结算，这也是企业间经济结算的核心环节。因此，结算法律规范也是企业财务管理法律环境的重要组成部分。结算法律规范包括了结算方式与工具的相关法律规定等内容。

支付结算办法。这是我国主要的结算法规之一，规定了企业间资金结算的基本原则、程序和方法等，涵盖了银行汇票等结算方式的使用规范和技术标准等方面。这一法规保证了结算的安全性和便捷性，有助于防范金融风险和维护良好的经济秩序。

票据法。这是关于票据的法律规定，涉及票据的种类、使用范围、流转程序等内容。票据在企业间的资金往来中占据重要地位，该法规保障了票据的有效性和流通性，有助于降低企业的资金风险和维护良好的经济秩序。此外，为了保障电子支付等新型结算方式的健康发展，还颁布了电子签名法和电子支付指引等法律法规，规范电子支付机构的业务活动和维护消费者权益等方面。其他相关法律法规还包括关于国际结算方面的法律规定以及涉及跨境人民币结算的相关法规等，这些法律法规为企业开展国际业务和跨境资金结算提供了必要的指导和依据。

综上所述，企业财务管理的法律环境是一个多维度的复杂体系，它涉及多个领域和层面，包括企业组织法律规范、税收法律规范、证券法律规范、合同法律规范以及金融法律规范等。这些法律法规对企业财务管理产生了重要影响，也为企业在进行财务管理活动时提供了必要的法律保障。同时，随着市场经济的不断发展和经济环境的不断变化，相关的法律法规也在不断完善，以更好地适应新形势下的企业发展需求和社会经济发展的需要。

三、企业财务管理的金融市场环境

企业财务管理的金融市场环境是一个复杂而又关键的外部因素，它对企业的财务管理活动产生深远的影响。

（一）货币市场

货币市场是短期金融工具的主要交易场所，这些工具包括同业拆借、回购协议、商业票据、银行承兑汇票和短期政府债券等。货币市场的主要特点是融资成本低，流动性强，风险也相对较低。对于企业来说，利用货币市场进行短期融资是一种常见的策略，尤其在应对季节性资金需求或者流动性管理方面。此外，货币市场还是中央银行进行货币政策操作的主要场所，通过调整利率等政策工具来影响宏观经济。

（二）资本市场

资本市场是长期金融工具的主要交易场所，这些工具包括股票、债券和基金等。资本市场的主要特点是融资成本高，流动性相对较低，风险也相对较高。在资本市场，企业可以通过发行股票或债券筹集长期资金，以支持其扩张和发展。此外，资本市场还是投资者进行财富管理的主要场所，通过投资股票、债券等金融工具来实现资产的增值。

（三）金融衍生品市场

金融衍生品市场是以金融衍生品为交易对象的市场，包括期货、期权、远期合约等。这个市场的参与者主要包括投机者、套期保值者和套利者。金融衍生品市场的主要特点是高风险、高收益，通常具有杠杆效应。企业可以利用金融衍生品进行套期保值，以规避价格波动等风险，也可以利用金融衍生品进行投机，以获取高收益。

（四）外汇市场

外汇市场是各种货币交换的场所，包括即期外汇市场、远期外汇市场和套利外汇市场等。外汇市场的主要特点是 24 小时交易，风险高，涉及国际政治、经济等多种因素。企业在进行国际贸易时，往往需要在外汇市场上进行外汇交易，以规避汇率风险或者实现货币兑换的需求。

（五）保险市场

保险市场是保险产品的主要交易场所，包括财产保险、人身保险和意外伤害保险等。保险市场的主要特点是提供风险保障，满足人们的安全需求。企业可以通过购买保险来转移风险，降低潜在的损失。此外，保险市场还是保险公司进行投资和资产管理的重要场所，通过投资股票、债券等金融工具来实现资产的增值。

（六）贵金属市场

贵金属市场是以黄金、白银等贵金属为交易对象的市场，包括实物交割和金融投资两大类。贵金属市场的主要特点是价值储存和投资属性，可以作为对冲风险的工具。企业可以通过投资贵金属来获取高收益，同时也可以利用贵金属进行对冲风险，以降低资产贬值的潜在风险。

这些市场的不同特点和交易对象的差异，对企业财务管理产生了不同的影响。企业需要关注不同金融市场的动态和发展趋势，以便更好地适应外部环境的变化和挑战。同时，企业还需要根据自身的实际情况和财务目标，合理选择融资和投资方式，控制风险，实现企业财务管理的目标。此外，企业还需要关注不同市场的政策法规和监管要求，遵守相关法律法规，防范法律风险。

除了以上所述的金融市场环境的具体内容，企业还需要注意的是，不同的金融市场之间存在着紧密的联系和影响。例如，货币市场和资本市场之间可以通过回购协议等短期融资方式相互联系；资本市场和金融衍生品市场之间可以通过套期保值等手段相互影响；外汇市场和贵金属市场之间可以通过汇率机制相互关联。因此，企业在进行财务管理时，需要全面考虑不同金融市场之间的联系和影响，以便制定更为全面和有效的财务策略。

第四节　企业财务管理的环节

财务管理是为了完成企业的财务管理目标、实现企业的财务管理任务。具体来说，企业的财务管理可以分为财务预测、财务决策、财务计划、财务控制以及财务分析五个环节。本节将从企业财务管理的环节人手，研究财务管理的方法。

一、财务预测

财务预测是指通过分析企业财务活动的历史数据，考虑现实的环境要求，对未来企业的财务活动和财务成果做出科学预计和测算的行为。财务预测的目的是通过测算企业投资、筹资各项方案的经济效益以及预计财务收支的发展变化情况，为企业的财务决策以及编制科学的财务预算计划提供有效依据。

近年来，随着财务管理越来越受到企业的重视，财务预测的方法也迅速发展起来，数量已经达到了 130 余种。根据性质的不同，我们主要将财务预测的方法分为定性预测法和定量预测法。

（一）定性预测法

定性预测法是一种依赖人的主观判断预测未来的一种方法。这种方法主要依赖人的经验以及分析能力，对事物的未来发展做出性质和程度上的判断。然后，通过一定形式综合各方面的意见，作为预测未来的主要依据。它主要用于对缺乏历史统计资料的事件进行预测，或者在定量分析之前首先进行定性分析，明确发展趋势，为定量分析做准备。

财务定性预测法是一种在缺乏具体数据或历史财务信息的情况下，通过分析企业内外部环境，对企业未来财务状况进行预测的方法。这种方法通常基于企业自身的经验和直观的归纳，以及对企业内外环境的理解。在财务定性预测法中，专家调查法是比较常见的一种方法。这种方法是通过组织各领域的专家，运用他们的专业知识和经验，结合企业的实际情况，对企业过去的财务状况和未来的发展趋势进行综合分析研究。财务定性预测法的缺点在于，更多地依赖于一般的市场趋势和经验规则，而不是深入分析企业的具体财务状况、运营细节和市场定位。此外，没有对要求回答的每个问题进行解释，也没有引导使用者对所问问题之外的相关信息作出正确判断。另外一种方法是“四阶段症状”分析法。这种方法将企业财务预警状况不佳或出现危机的情况分为四个阶段。对于出现相应情况的企业，需要尽快查明病因，并采取有效措施来摆脱财务困境，恢复财务正常运作。

虽然财务定性预测法有其特定的优点和实用性，但我们也应看到其局限性。它对主观因素和人的判断力有很大的依赖性，而且无法提供数量上的精确描述。因此，在使用此方法时，需要配合其他更为客观和科学的方法进行财务预测，以达到更准确的结果。

（二）定量分析法

定量分析法在财务领域有着广泛的应用，它是对社会现象的数量特征、数量关系与数量变化进行分析的方法。在财务领域，定量分析法主要是对财务报表等数据进行分析，从而得出企业信用等方面的结果。

比率分析法是通过计算各种比率指标来确定财务活动变动程度的方法。这些比率可以反映企业财务状况，如负债比率、流动比率、利润率等。此外，还可以通过对比不同数据得出相关比率，从而更好地理解企业的财务状况。

趋势分析法是根据一阶段某一指标的变动绘制趋势分析图的方法。通过趋势分析图，可以清楚地看出财务指标的变化趋势，从而对未来的财务状况作出预测。

结构分析法是通过计算各组成部分所占比重来分析某一总体现象的内部结构特征、总体的性质、总体内部结构依时间推移而表现出的变化规律性的统计方法。在财务领域，结构分析法可以用来分析财务报表的结构，如资产负债表、损益表等。

定量分析法的优点在于其具有客观性和科学性，能够通过数学模型等方式对数据进行精确的分析和处理。此外，定量分析法能够更好地揭示数据之间的关系和规律，从而更好地预测企业的财务状况。

然而，定量分析法也存在一些局限性。首先，定量分析法需要有一定的数学基础和数据处理技能，对于一些不具备这些技能的人来说可能比较困难。其次，定量分析法需要有一定的数据支持，对于一些没有足够数据支持的企业来说可能无法应用。此外，定量分析法无法完全替代人的主观判断和经验，还需要结合其他方法进行综合分析。

总的来说，定量分析法在财务领域有着广泛的应用，但也需要结合其他方法进行综合分析，以得到更准确的结果。

二、财务决策

财务决策是对财务方案、财务政策进行选择和决定的过程，又称为“短期财务决策”。财务决策的目的是确定最为令人满意的财务方案，以实现企业价值最大化的财务管理目标。这个决策过程需要基于财务预测结果进行分析和选择，并且方案的选择和取舍既包括货币化和可计量的经济标准，又包括非货币化和不可计量的非经济标准，是一个多标准的综合决策过程。只有确定了效果好并切实可行的方案，财务活动才能取得好的效益，完成企业价值最大化的财务管理目标。因此，财务决策是整个财务管理的核心。

财务决策是企业在财务管理中需要进行的重要工作之一。由于企业的财务状况和经营成果是企业在市场竞争中的关键因素之一，因此财务决策对于企业的发展和运营至关重要。下面将对财务决策的深度分析进行探讨。

（一）比较分析

比较分析是一种基础和常用的财务分析方法，通过比较实际与计划、本期与上期或者本企业与同行业的其他企业之间的财务数据，发现其中的差异与趋势，从而为企业的经营决策提供有力支持。比较分析可以采用以下方式进行：横向比较，将企业当前数据与历史数据进行比较，从而了解企业当前的发展趋势以及未来发展潜力；纵向比较，将企业自身的财务数据在不同期间进行比较，从而了解企业内部的运营效率以及成长情况；行业比较，将企业的财务数据与同行业其他企业进行比较，从而了解企业在整个行业中的地位和发展潜力。

（二）趋势分析

趋势分析是通过分析财务状况和经营成果的变化及其原因、性质来预测未来的一种方法。它可以帮助决策者更好地了解企业的未来发展趋势，从而制定出更为合理的经营策略和财务计划。趋势分析可以采用以下方式进行：环比分析，将企业自身不同期间的财务数据进行比较，从而了解企业的发展趋势；线性趋势分析，将企业的财务数据以时间为自变量，以财务指标为因变量，通过线性回归等方式分析企业的发展趋势；非线性趋势分析，将企业的财务数据以时间为自变量，以财务指标为因变量，通过非线性回归等方式分析企业的发展趋势。

（三）财务比率分析

财务比率分析是指通过计算和分析财务比率，如资产负债率、现金比率、产品毛利率等来了解企业的经营状况和财务状况。这些比率可以提供关于企业的偿债能力、盈利能力、资产运营能力和现金流量等方面的信息，帮助决策者更好地了解企业的整体经营状况和风险水平。财务比率分析可以采用以下方式进行：财务报表分析，通过对企业的资产负债表、利润表和现金流量表等财务报表进行分析，计算相关财务比率，从而了解企业的经营状况和财务状况；杜邦分析，杜邦分析是一种常用的财务比率分析方法，它将企业的盈利能力、资产运营能力和偿债能力等有机地结合起来，形成一套完整的财务分析体系，帮助决策者更好地了解企业的运营状况；因子分析，因子分析是一种统计学方法，通过提取影响财务比率的多重因素进行分析，从而了解各因素对财务比率的影响程度和作用机制。

（四）现金流量分析

现金流量分析是指通过分析和预测企业的现金流入和流出情况来了解企业的资金流动性和财务状况。在现金流量分析中需要了解企业的现金流量情况以及产生现金流量的各个环节之间的关联性，从而帮助决策者更好地了解企业的资金状况和未来可能的发展趋势，制定更为合适的经营策略和财务计划。现金流量分析可以采用以下方式进行：现金流量表分析，通过对企业现金流量表的流入和流出进行分析，了解企业各环节的现金流量情况；净现值分析，净现值是指企业未来现金流量的折现值减去原始投资额的差额。通过净现值分析可以了解企业未来现金流量的潜力以及投资项目的可行性；资金预算，资金预算是对企业未来现金流量的预测和计划，通过资金预算可以了解企业未来资金状况以及发展需求。同时，还可以根据实际情况及时调整预算金额，为企业的经营决策提供有力支持。

总之，在财务决策上要多种方法并用，相互补充、相互验证，形成一个综合的财务管理体系。通过对比较分析、趋势分析和比率分析等方法的综合应用，决策者可以更好地了解企业的运营状况和未来发展趋势，制定更为合理、科学、有效的经营策略和财务计划。同时，针对不同企业不同发展阶段的需求，还要采取不同的现金流量管理策略，保证企业现金流量的充足性和稳定性。

三、财务计划

财务计划是以货币形式协调安排计划期内投资、筹资及财务成果的文件，是财务管理的重要部分。制订财务计划的目的是为财务管理确定具体量化的目标，它是在生产、销售、物资供应、劳动工资、设备维修、技术组织等计划的基础上编制的，是企业经营计划的重要组成部分，是进行财务管理、财务监督的主要依据。通过财务计划，企业可以确立财务管理上的奋斗目标，在企业内部实行经济责任制，使生产经营活动按计划协调进行，挖掘增产节约潜力，提高经济效益。

制订财务计划主要包括以下步骤。

（一）分析财务状况

在编制财务计划前，需要对企业的财务状况进行全面分析，包括资产、负债、所有者权益等方面，明确企业的资产规模、资产负债结构、现金流状况等。

（二）确定财务目标

根据企业的战略目标和实际情况，确定财务计划的目标，这些目标可以包括利润指标、收入指标、成本指标等。

（三）预测销售收入

销售收入是企业财务计划中的重要组成部分，需要根据市场情况和历史销售数据，预测销售收入并进行敏感性分析。

（四）编制预算

根据财务目标和销售收入预测，编制企业各部门的预算，包括生产预算、销售预算、直接材料预算、直接人工预算、制造费用预算等。

（五）制订融资计划

根据企业的实际情况和财务目标，制订融资计划，包括银行贷款、股权融资、债券发行等，并根据风险情况选择合适的融资方式。

（六）控制执行过程

在财务计划的执行过程中，需要进行严格控制，确保各项预算和计划的实现，同时根据实际情况进行调整和修正。

（七）分析执行结果

在财务计划的执行过程中，需要对执行结果进行分析和评估，发现问题并及时采取措施进行改进，同时将执行结果与预算和计划进行对比，找出差异并分析原因。

总之，制订财务计划是一个系统的、全面的、动态的过程，需要从多个角度进行考虑和分析，以确保企业财务目标的实现。在实际操作中，可以根据企业的实际情况和行业特点进行调整和改进。

四、财务控制

财务控制作为企业财务管理的重要组成部分，其内容涵盖了企业财务活动的各个方面。

（一）授权控制

授权控制不仅是对企业资产的保护，也是对企业内部管理权限的明确。在授权控制中，需要明确哪些人可以接触和使用企业资产，以及他们可以行使的权限范围。对于超出权限范围的行为，需要经过特定审批流程才能进行。这样的控制可以避免企业内部出现财务舞弊和滥用职权的情况。

（二）会计系统控制

会计系统控制是保障企业财务信息质量和真实性的关键。它包括对会计记录、报表编制、审计监督等方面的规范和限制。在会计系统控制中，企业需要建立规范的会计科目和报表体系，确保会计信息的准确性和一致性。同时，还需要加强对内部审计的重视，定期对财务报表进行审计，保证财务信息的真实性和完整性。

（三）预算控制

预算控制是企业实现财务目标的重要手段。通过预算的编制、审核、执行、分析、考核等环节，企业可以将长期战略目标转化为短期可执行的任务。预算控制过程中需要对预算进行精细化管理，关注预算的细节和潜在风险，并及时进行必要的调整和修正。同时，还需要建立有效的激励机制，引导员工积极实现预算目标。

（四）风险控制

财务风险是企业经营过程中不可避免的问题。在风险控制中，企业需要通过识别、评估、预警等手段，对财务风险进行预防和应对。具体来说，企业需要建立完善的风险管理制度，明确风险容忍度和应对措施，并定期对财务风险进行评估和监控。针对可能出现的财务风险，企业需要制订相应的应急预案，以降低风险对企业的影响。

（五）绩效评价控制

绩效评价控制是激励员工实现企业财务目标的重要途径。在绩效评价控制中，企业需要建立客观、公正的评价标准和方法，定期对员工的工作绩效进行评价和考核。评价结果应与激励机制挂钩，以鼓励员工积极追求高绩效。同时，也需要关注员工反馈和培训发展，帮助员工提升技能和能力，为企业创造更大的价值。

企业在实施财务控制时，需要根据自身实际情况和发展阶段选择合适的控制手段和方法，确保财务控制的科学性和有效性。同时，随着企业内外部环境的变化，企业需要及时对财务控制进行动态调整和优化，以适应不断变化的市场需求和企业战略目标。

五、财务分析

财务分析主要包括水平分析、垂直分析、相关比率分析三个层次，每个层次都有其特定的目的和作用。

（一）水平分析法

水平分析法是通过对比财务报表各项目在报告期与基期（可以是上一年或者某一固定期间）的数据，来分析企业财务数据变动情况。这可以帮助分析者看到企业的财务状况在特定期间内的发展趋势。为了确保水平分析的准确性，需要关注以下几个方面：必须考虑通货膨胀、利率、汇率等因素对财务数据的影响，以确保分析结果的准确性；需要对企业财务报表进行审计和核实，以确保数据的真实性和完整性；需要结合企业的实际情况和市场环境，进行综合分析和判断，以得出更加准确的结论。

（二）垂直分析法

垂直分析法也称“纵向分析”，主要是通过计算财务报表中各项目占整体的比率，来分析各项目的相对重要性和结构关系。通过垂直分析，我们可以看出各项目在企业财务结构中的相对地位和重要性，有助于揭示出企业经营中的关键因素和潜在风险。为了提高垂直分析的准确性，需要关注以下几个方面：选择合适的财务数据作为计算基础；根据企业的实际情况和市场环境选择合适的比率计算方法和指标；通过对各项目的相对重要性和结构关系的分析，得出更加准确和客观的结论。

（三）相关比率分析法

相关比率分析法主要是通过计算两个不同但有一定依存关系的项目之间的比例，来揭示它们之间的内在结构关系。比如，可以通过计算负债与所有者权益的比率，来评估企业的负债结构是否合理；也可以通过计算流动比率等指标，来判断企业的短期偿债能力。相关比率分析的准确性取决于以下几个方面：选取的项目之间必须具有相关性；选取的项目之间的依存关系必须清晰明了；需要采用客观和科学的计算方法和指标，以保证计算结果的准确性；需要结合企业的实际情况和市场环境，进行综合分析和判断，以得出更加准确的结论。

在实际的财务分析过程中，这三种方法常常是交叉使用、相辅相成的。首先，水平分析可以提供财务数据变动的基本趋势，为后续的垂直分析和相关比率分析提供基础。其次，垂直分析可以帮助我们理解财务报表的结构和各项目的相对地位，进一步揭示出财务数据变动的原因和潜在风险。最后，相关比率分析可以提供更多关于企业财务状况、经营能力和风险状况的深度信息，帮助我们做出更准确的决策。

第二章 大数据时代的财务管理

第一节 大数据概述

大数据是现代社会中一个重要的概念，涉及许多方面的应用。在本书中，我们将对大数据进行深度、系统的认识，帮助读者更好地理解这个领域的相关知识和技术。

一、大数据的内涵理解

大数据是指在传统数据处理应用软件难以处理的大规模数据集合，这些数据可能来自各种不同的源头，包括互联网、企业数据、科学实验、传感器等。大数据在科学技术和经济社会等多个领域中有着重要的影响。大数据的出现与发展，不仅对数据处理和分析技术提出了新的挑战，也为我们认识世界和解决问题提供了新的视角和工具。大数据的概念和定义可以从不同的角度来理解。

（一）从技术角度理解

从技术角度来看，大数据是一种在数据规模、产生速度、种类和价值密度等多个方面具有重要影响的概念。它代表了传统数据处理技术难以处理的大规模数据集合，需要采用新的数据处理和分析技术来应对。下面我们将从四个方面深入探讨大数据的四个“V”特征。

1．数据体量巨大（Volume）

大数据的第一个特征是数据体量巨大。随着信息技术的发展和普及，数据的产生、传输、处理和应用都在变得越来越便捷和高效。与此同时，各种应用场景中的数据规模也在不断扩大，从 GB 级到 TB 级再到 PB 级甚至更高级别。例如，社交媒体平台每秒钟可以产生数百万条的日志数据，而电子商务平台每秒钟可以产生数千笔的交易数据。这种大规模的数据集合需要采用新的数据处理和分析技术来处理和管理，如分布式文件系统、分布式数据库和分布式计算等。

2．数据产生速度极快（Velocity）

在实时交易、在线流媒体、社交媒体等领域，数据产生和更新的速度非常快，有些甚至可以达到每秒钟数百万条或数十亿条记录的速度。这种高速的数据流需要采用新的数据处理和分析技术来实时地处理和分析，如分布式流处理、实时计算和增量学习等。

3．数据种类繁多（Variety）

大数据的第三个特征是数据种类繁多。大数据包括结构化数据、半结构化数据和非结构化数据等多种类型，而且不同类型的数据之间还存在着复杂的关系和关联。例如，社交媒体平台上的文本、图片、视频和音频等非结构化数据可以反映用户的兴趣、偏好和情感状态；而电子商务平台的商品信息、交易记录和用户评价等结构化数据可以反映市场的趋势和消费者的需求。这种多样化的数据类型需要采用多种数据处理和分析技术来处理、分析和挖掘其中的价值。

4．数据价值密度低（Value）

大数据的第四个特征是数据价值密度低。相对于传统数据，大数据的价值密度较低，也就是说，大数据中蕴含的有用信息并不多，需要通过有效的处理和分析才能提取出有用的信息和知识。例如，社交媒体平台上的大量文本数据中可能只有一小部分是有价值的；而电子商务平台的大量交易数据中可能存在异常交易或者欺诈行为。这种低价值密度的数据需要采用更加精细的数据处理和分析技术来提取有用的信息和知识，如自然语言处理、文本挖掘和异常检测等。

从技术角度来看，大数据是一种在数据规模、产生速度、种类和价值密度等多个方面具有重要影响的概念。需要采用新的数据处理和分析技术来应对大规模、高速、多样化的数据集合，并从中提取有用的信息和知识，帮助我们更好地认识世界和解决问题。

（二）从应用角度理解

大数据的重要性主要体现在它提供了一种全新的思维方式和解决问题的工具。这使得我们可以从海量的数据中提取有价值的信息，为企业、社会和科学研究带来新的机遇和挑战。

1．大数据可以帮助我们更好地了解用户行为和市场趋势

在当今竞争激烈的市场环境中，企业需要不断地了解用户需求和行为

习惯，以便提供更好的产品和服务。通过大数据技术，企业可以收集和分析用户的购买行为、浏览历史、搜索记录等数据，从而深入了解用户的需求和偏好。这样不仅可以提高企业的竞争力，还可以帮助企业提供更加精准的个性化服务，提升用户满意度。

2．大数据可以帮助我们更好地了解社会问题和发展趋势

随着社会的发展，各种社会问题不断涌现，政府需要做出及时、正确的决策以应对这些问题。通过大数据技术，政府可以收集和分析各种数据，如人口分布、就业情况、交通状况等，从而更加全面地了解社会问题的现状和发展趋势，作出更加科学、合理的决策，提高治理能力和水平。

3．大数据可以帮助我们更好地了解自然现象和科学规律

科学研究需要基于大量的数据进行分析和研究，以推动科学的进步和发展。通过大数据技术，科学家可以收集和分析各种数据，如天文数据、生物数据、地理数据等，从而深入了解自然现象和科学规律。这可以帮助科学家发现新的科研方向和突破口，推动科学研究的进步和发展。

（三）从发展角度理解

从发展角度来看，大数据技术及其应用不仅是一种技术革新，更是一种新的经济增长方式和产业变革。随着信息技术的不断发展和普及，数据的产生、传输和处理变得越来越快和越来越便捷，这为大数据的应用和发展提供了坚实的基础。

1．大数据的应用范围和领域越来越广泛

无论是金融、制造、物流、医疗、教育等传统行业，还是新兴的互联网、人工智能、物联网等领域，大数据都发挥着越来越重要的作用。通过大数据分析，企业可以更好地了解市场需求、消费者行为和行业趋势，从而更加精准地制定市场策略和产品方案。同时，政府也可以利用大数据提高治理能力和公共服务水平，如智慧城市、公共安全、环境监测等方面。

2．大数据还是一个具有巨大潜力的新兴产业

随着数据的不断积累和技术的不断进步，大数据产业的发展前景非常广阔。大数据相关的产业链包括数据采集、存储、处理、分析、可视化等多个环节，其中蕴含着大量的商机和就业机会。越来越多的企业和机构开始投入大数据的开发与应用，不断创新和推出新的产品和服务，进一步推动了大数据产业的发展。

3．大数据成为推动经济发展的新动力

随着数据的不断积累和技术的不断进步，大数据已经成为推动经济发展的重要因素之一。大数据的应用可以帮助企业更好地了解市场和消费者需求，提高生产效率和产品质量，从而推动经济的发展。同时，大数据还可以为政府制定经济政策提供更加准确的数据支持，帮助政策制定者做出更加科学合理的决策。

大数据是一个在技术、应用和发展等多个方面都有着重要影响的概念。它是一种新的思维方式和工具，也是一种新兴产业和新的经济增长点。为了更好地应用和发展大数据，我们需要深入理解大数据的概念和定义，掌握大数据的处理和分析技术，并不断提高我们的认识和能力。

二、大数据的技术体系

（一）数据采集与预处理

在大数据处理的第一阶段，需要从各种来源采集数据，并对其进行预处理。采集数据时需要考虑数据格式是否规范、数据质量是否符合要求、数据安全性如何保证等因素。不规范的数据格式会导致数据处理和分析结果的不准确，因此需要对数据进行清洗、转换和整合等预处理工作，以提高数据的质量和可分析性。

1．数据采集

在大数据处理的过程中，数据采集和预处理是第一步，也是至关重要的一步。在这个阶段，主要任务是从各种不同的来源和渠道采集数据，同时对数据进行必要的预处理工作，以准备进行后续的分析和处理。数据采集是大数据处理的第一个步骤，它的主要任务是从各种来源和渠道获取原始数据。这些来源可能包括内部系统、外部数据库、API 接口、日志文件、传感器等。在这个过程中，需要考虑很多因素，如数据的质量、格式和安全性等。对于数据的质量，需要仔细考虑数据的来源和可信度。一些来源的数据可能存在误差或者不完整，这可能会对分析结果产生不良影响。因此，在采集数据时，需要对数据的准确性进行评估，并尽可能选择高质量的数据源。对于数据的格式，不同来源的数据可能具有不同的格式和结构。为了方便后续的处理和分析，需要对不同格式的数据进行转换和整合，使其统一化和标准化。此外，数据的安全性也是采集过程中必须考虑的重要因素。在采集数据时，需要保证数据的安全存储和传输，防止数据的泄露和篡改。一些常用的方法包括数据加密、访问控制和审计日志等。

2．数据预处理

数据预处理是数据采集后的重要工作，它的主要任务是对数据进行清洗、转换和整合等操作，以提高数据的质量和可分析性。数据清洗主要包括删除重复数据、处理缺失值、消除噪声和异常值等。这些操作可以提高数据的准确性和可信度，避免因为数据质量问题而影响分析结果。数据转换主要包括数据的类型转换、数据的大小变换、数据的聚合运算等。这些操作可以帮助我们将原始数据转换成适合进行数据分析的格式和类型，提高数据的可分析性。数据整合主要包括将多源数据进行整合、将多个数据集进行合并等。这些操作可以帮助我们对不同来源和不同格式的数据进行统一化和标准化，为后续的分析和处理提供便利。

总的来说，数据采集和预处理是大数据处理和分析的基础，它的质量和效果直接影响到后续处理和分析的结果。因此，在实际应用中，我们需要给予足够的重视，并采取合适的方法和技术来保证数据的质量和可靠性。

（二）数据存储与管理

大数据的存储和管理是整个技术体系的基础，包括分布式文件系统、NoSQL 数据库、关系型数据库等多种技术。分布式文件系统可以提供大规模、高并发的存储访问能力，适合存储大规模的静态数据；NoSQL 数据库则可以支持非结构化数据的存储和查询，具有高性能、高可用性和可扩展性等优点；关系型数据库则可以提供结构化数据的存储和查询能力，具有完整性约束和事务处理等特性。根据不同的应用场景和需求，需要选择合适的存储和管理技术。

1．分布式文件系统

分布式文件系统是大数据存储和管理的基础设施之一，它可以提供大规模、高并发的存储访问能力，适合存储大规模的静态数据。分布式文件系统将数据分散在多个节点上进行存储，并确保数据的高可用性和高可靠性。这种系统常用于存储大规模的日志数据或者备份数据，同时也能够为其他类型的数据提供共享访问能力。一些著名的分布式文件系统包括 Hadoop Distributed File System（HDFS）和 Google File System（GFS）等。

2. NoSQL 数据库

NoSQL 数据库是一种新型的数据库，它不同于传统的关系型数据库，能够支持非结构化数据的存储和查询。NoSQL 数据库具有高性能、高可用性和可扩展性等优点，适用于处理大规模的实时数据。它通常采用分布式架构，能够实现数据的自动分片和复制，确保数据的一致性和可靠性。常见的 NoSQL 数据库包括 Apache Cassandra、Apache HBase 和 MongoDB 等。

3. 关系型数据库

关系型数据库是一种传统的数据库类型，它能够提供结构化数据的存储和查询能力，具有完整性约束和事务处理等特性。关系型数据库适用于需要高度一致性和事务安全性的应用场景，如金融、银行和电子商务等领域。在大数据时代，关系型数据库仍然是一种重要的存储和管理技术，但需要根据实际应用场景选择合适的数据库系统，如 MySQL、PostgreSQL 和 Oracle 等。

大数据的存储和管理需要针对不同的应用场景和需求，选择合适的存储和管理技术。在实际应用中，我们可以根据数据的规模、类型和访问需求等因素来选择适合的存储和管理方案，从而为后续的数据处理、分析和应用提供可靠的保障。

（三）数据处理与分析

大数据的处理和分析是整个技术体系的核心，包括批处理、流处理、图处理等多种技术。批处理技术可以将大规模数据分批处理，实现高效的数据分析和计算；流处理技术则可以实时处理大规模数据流，并快速响应数据分析和计算请求；图处理技术则可以处理大规模的图数据，并对其进行复杂的分析和计算。同时，还需要使用各种数据分析方法和算法，从大数据中提取有价值的信息和知识，包括数据挖掘、机器学习、统计学等多种方法。

1. 批处理技术

批处理技术是一种传统的数据处理方式，它将大规模数据分批处理，每批数据进行一次性的处理和分析，从而实现对整个数据集的高效处理和分析。批处理技术通常使用 MapReduce 模型进行大规模数据的并行处理，它将数据分发给多个处理器进行处理，并将处理结果合并得到最终的分析结果。MapReduce 模型可以处理大规模数据集，并具有高效性和可扩展性。

2．流处理技术

流处理技术是一种实时数据处理方式，它可以实时处理大规模数据流，并快速响应数据分析和计算请求。流处理技术通常使用实时流处理平台进行处理，它可以对实时数据流进行连续处理和分析，并实时输出分析结果。流处理技术适用于需要实时响应的应用场景，如金融交易、网络安全和智能制造等。

3．图处理技术

图处理技术是一种专门用于处理图数据的处理方式，它可以处理大规模图数据，并对其进行复杂的分析和计算。图处理技术通常使用图计算框架进行处理，如 Google 的 Pregel 和 Apache 的 Giraph 等。图处理技术可以对图数据进行高效的遍历、查询和计算，适用于社交网络分析、推荐系统和网络安全等应用场景。

4．数据分析方法和算法

在大数据处理和分析过程中，还需要使用各种数据分析方法和算法，从大数据中提取有价值的信息和知识。这些方法和算法可以根据具体的应用场景和需求进行选择和定制，如数据挖掘、机器学习和统计学等。通过这些方法和算法的应用，可以从大数据中提取出有用的特征和模式，为后续的数据分析和应用提供可靠的依据和支持。

总的来说，大数据的处理和分析是整个技术体系的核心，它包括多种技术和算法，需要根据具体的应用场景和需求进行选择和应用。通过高效的数据处理和分析，可以提取出有价值的信息和知识，为后续的数据应用和决策提供可靠的依据和支持。

（四）数据可视化与交互

数据可视化与交互是大数据应用中极为重要的环节，它通过将提取到的信息和知识以可视化的方式呈现给用户，使用户能够更加直观地理解和分析数据。同时，通过交互式界面技术，用户可以对呈现的数据进行操作，以便更好地了解数据分析结果和发现隐藏在数据中的规律和趋势。

1. 数据可视化技术

数据可视化技术将复杂的数据通过图形、图像、动画等形式呈现给用户，更加直观易懂。数据可视化技术包括图表、图解、图形、表格等，以及近年来兴起的可视化编程和交互式可视化技术。这些技术可以将大规模、复杂的数据进行可视化处理，使用户能够快速、准确地了解数据的特点和趋势。

在大数据时代，数据可视化技术不仅需要呈现数据，还需要能够处理和分析数据。一些常用的数据可视化工具有 Tableau、PowerBI、FineReport 等，这些工具可以将数据与地理信息、趋势分析、多维分析等相结合，使用户能够更加深入地了解数据。

2. 交互式界面技术

交互式界面技术使用户能够对呈现的数据进行交互操作，以便更好地了解数据分析结果和发现隐藏在数据中的规律和趋势。这些技术包括界面设计、交互元素、手势识别、语音识别等，可以使用户更加方便地进行数据操作和分析。

一些常用的交互式界面技术包括 Web 前端技术、移动端开发技术、数据可视化工具等。这些工具可以通过拖曳、缩放、过滤等交互方式，使用户能够更加灵活地操作数据。同时，还可以通过语音识别技术，使用户能够通过语音来进行数据查询和分析，提高用户的使用体验。

总的来说，数据可视化与交互是大数据应用中不可或缺的环节。通过这些技术可以将复杂的数据以直观易懂的方式呈现给用户，并使用户能够对数据进行操作和分析，以便更好地发现数据的规律和趋势。在大数据时代，这些技术的发展和应用将进一步推动大数据技术的进步和应用范围的扩大。

（五）数据安全与隐私保护

大数据的处理和分析过程中涉及大量的个人和企业数据，因此必须采取相应的安全和隐私保护措施。这些措施包括数据加密、访问控制、脱敏处理等，以确保数据的机密性和完整性。加密算法可以对数据进行加密保护，防止未经授权的访问和泄露；访问控制可以限制用户对数据的访问权限，防止未经授权的访问和操作；脱敏处理则可以将敏感数据进行脱敏处理，避免敏感数据的泄露和滥用。

1．数据加密

数据加密是一种常用的数据安全技术，它可以通过对数据进行加密处理，使得未经授权的人无法获取到数据的真实内容，从而保证数据的机密性和安全性。在大数据处理和分析过程中，可以使用各种加密算法对数据进行加密保护，如对称加密算法和非对称加密算法等。这些算法可以实现对数据的加密保护，防止未经授权的访问和泄露。

2．访问控制

访问控制是一种安全机制，它可以根据用户的身份和权限限制其对特定资源的访问。在大数据处理和分析过程中，可以通过访问控制来限制用户对数据的访问权限，从而防止未经授权的访问和操作。一些常用的访问控制技术包括基于角色的访问控制和基于属性的访问控制等。这些技术可以实现对数据的访问控制，保证数据的机密性和完整性。

3．脱敏处理

脱敏处理是一种数据处理技术，它可以对敏感数据进行脱敏处理，从而避免敏感数据的泄露和滥用。在大数据处理和分析过程中，可以使用各种脱敏处理方法对数据进行脱敏处理，如数据去标识化、数据匿名化等。这些方法可以实现对数据的脱敏处理，保证数据的机密性和安全性。

大数据的技术体系涵盖了数据采集与预处理、数据存储与管理、数据处理与分析、数据可视化与交互、数据安全与隐私保护等多个方面。这些技术相互依存、相互促进，共同构成了大数据技术的完整体系，为各行各业的大数据应用提供了强有力的支持和保障。

三、大数据的应用场景

大数据的应用场景非常广泛，涵盖了众多领域和行业。以下是一些主要的大数据应用场景。

（一）金融行业

在金融领域，大数据的应用主要体现在风险管理和投资决策上。通过对大量金融数据的深度挖掘和分析，金融机构可以获得更准确的市场趋势预测和投资机会洞察。同时，大数据还可以帮助金融机构更精确地评估借款人的信用风险，优化信贷配置，降低不良贷款率。此外，通过对客户行为的精细分析和画像，金融机构可以更好地了解客户需求，优化产品设计和服务，提高客户满意度和忠诚度。通过分析用户的消费行为和金融需求，银行可以为用户提供定制化的信用卡和贷款产品。同时，大数据还可以帮助金融机构提高反欺诈能力，快速准确地识别可疑交易和行为，保护客户资产安全。

（二）医疗行业

在医疗领域，大数据的应用主要体现在疾病的预防、诊断和治疗过程中。通过对大量医疗数据的深入分析和挖掘，医生可以获得更准确的诊断结果和更科学的治疗方案，从而提高医疗质量和效率。同时，大数据还可以帮助医疗机构更有效地监测和预警流行病的暴发，及时采取防控措施，保障公众健康和安全。通过对病例数据的分析，医疗机构可以发现疾病的治疗规律和影响因素，为后续的治疗提供参考。此外，大数据还可以帮助医疗机构优化资源配置和管理，提高医疗服务效率和质量。例如，通过对医疗数据的分析，医疗机构可以发现医疗服务中的瓶颈和不足，有针对性地优化资源配置和管理流程。

（三）电子商务

在电子商务领域，大数据的应用主要体现在用户分析和精准营销上。通过对用户购买行为、浏览历史和搜索记录等数据的深度挖掘和分析，电子商务平台可以了解用户的消费需求和偏好，为用户推荐更符合其需求的商品和服务。通过对用户数据的分析和挖掘，电子商务平台可以预测未来的销售趋势，提前做好库存管理和采购计划。此外，大数据还可以帮助电子商务平台优化产品定价和促销策略，提高销售业绩和用户满意度。例如，通过对市场数据和用户购买行为的分析，电子商务平台可以制定更科学的定价和促销策略，吸引更多用户购买并提高用户满意度。

（四）交通运输

在交通运输中，大数据被广泛应用于交通管理和优化。通过对交通数据的深入挖掘和分析，可以更好地了解交通拥堵的情况和原因，为交通管理部门提供科学依据和优化建议。大数据还可以帮助交通运输企业更精确地预测运输需求和交通流量，优化车辆调度和路线规划。这不仅可以降低运输成本和提高运输安全性，还可以缓解城市交通拥堵问题。通过对交通数据的分析，可以预测未来的交通流量和拥堵情况，为交通管理部门和交通运输企业提供决策支持。

（五）政府管理

在政府管理领域，大数据的应用主要体现在社会管理和公共安全上。通过对社会经济、人口统计等数据的深入挖掘和分析，政府可以得到更全面的社会发展状况和民生需求，这将使政府部门能够制定更科学合理的政策和措施，有针对性地解决社会问题并提高公共服务水平。同时，大数据还可以帮助政府部门快速准确地了解社会舆情和公众意见，为政府决策提供科学依据和参考。此外，大数据在公共安全领域的应用也日益突出，例如，通过分析公共安全数据，政府部门可以及时发现和掌握恐怖主义、违法犯罪等行为的信息和动向，提高对事件预警和应急处置能力并有效防范和打击犯罪，保障社会稳定和公共安全。可以实时监测和预警自然灾害事件的发生并采取有效的应对措施，减少灾害损失。同时，大数据还可以帮助政府部门更好地规划和管理城市公共安全，提高城市治安水平和防范能力。例如，通过对公共安全数据的分析，政府部门可以制定更加科学合理的城市治安管理方案，提高城市治安水平和防范能力。

大数据在各个领域的应用场景都发挥着重要的作用。深度挖掘和分析大数据可以带来巨大的商业价值和社会效益，包括提高工作效率，降低成本，增强创新能力，改善民生等。同时随着技术的不断发展和应用场景的不断拓展，大数据在未来的应用前景将更加广阔。例如人工智能、物联网等新兴技术的发展将进一步推动大数据应用的深度和广度。未来大数据将会在更多的领域和行业中发挥更加重要的作用，为人类社会的发展和进步做出更大的贡献。

四、大数据的发展趋势和挑战

（一）大数据技术的发展趋势

随着大数据技术的不断发展和应用，未来大数据技术将呈现出以下几个主要发展趋势。

1．更高效的数据处理和分析技术

随着数据规模的不断扩大，数据处理和分析的复杂性也随之增加，因此未来将会有更多创新的技术和方法出现，提高数据处理和分析的效率。具体来说，这些技术将包括以下几个方面：

（1）分布式计算框架。分布式计算框架是当前大数据处理的主流框架，未来将会有更多的优化和升级，以提高计算的性能和效率。

（2）并行计算技术。并行计算技术是处理大规模数据的必要手段，未来将会有更多的并行算法和并行框架出现，以提高计算的速度和效率。

（3）数据挖掘和机器学习算法。数据挖掘和机器学习算法是大数据分析的重要手段，未来将会有更多的优化和升级，以提高分析的精度和效率。

（4）人工智能和深度学习技术。人工智能和深度学习技术的不断发展，将推动大数据处理和分析技术的进步。未来将会有更多的深度学习模型和算法被应用到数据处理和分析中，从而更准确、更高效地发现数据中的规律和趋势。

2．更多的数据隐私保护技术

随着大数据应用场景的不断扩展，对数据隐私保护的需求也越来越强烈。因此，未来将会有更多的数据隐私保护技术出现，保护数据的安全性和隐私性，避免数据泄露和滥用。具体来说，这些技术主要包括以下几个方面：

（1）同态加密。同态加密是一种能够对加密数据进行计算的技术，未来将会有更多的同态加密算法被应用到大数据处理中，从而实现数据加密和计算的同时进行，保护数据的安全性和隐私性。

（2）差分隐私。差分隐私是一种通过添加噪声来保护数据隐私的技术，未来将会有更多的差分隐私方案被应用到大数据处理中，保护数据的隐私和安全。

（3）区块链技术。区块链技术是一种去中心化的分布式数据库技术，未来将会有更多的区块链技术被应用到大数据隐私保护中，通过去中心化的数据存储和智能合约的应用，实现数据隐私保护和数据共享的平衡。

3．更多的智能化应用

智能化是未来大数据应用的一个重要方向。未来将会有更多的智能化应用出现，如基于机器学习的推荐系统、基于自然语言处理的智能客服等。这些智能化应用将能够利用大数据技术提供的支持，通过机器学习和人工智能技术实现自动化和智能化决策，提高工作效率和智能化水平。同时，这些智能化应用也将为各行业和领域提供更个性化和更高效的服务，从而创造更多的商业价值和社会效益。具体来说，这些智能化应用将包括以下几个方面：

（1）智能推荐系统。智能推荐系统是一种基于大数据分析和人工智能技术的自动化推荐系统。未来将会有更多的智能推荐系统被应用到各个领域中，如电商、音乐、电影、新闻等行业，通过分析用户的历史行为和偏好，自动推荐相关的产品和服务，提高用户体验和商业价值。

（2）智能客服。智能客服是一种基于自然语言处理和人工智能技术的自动化客服系统。未来将会有更多的智能客服被应用到各个行业中，如金融、医疗、教育等，通过自然语言处理技术和知识库的支撑，自动回答用户的问题和解决用户的问题，提高客户服务质量和效率。

（3）智能决策支持系统。智能决策支持系统是一种基于大数据分析和人工智能技术的自动化决策支持系统。未来将会有更多的智能决策支持系统被应用到各个领域中，如金融、医疗、教育等，通过数据分析和挖掘技术，为决策者提供准确可靠的数据支持和分析结果，提高决策的准确性和效率。

（二）大数据面临的挑战

随着大数据技术的不断发展和应用，大数据技术逐渐被广泛认可并应用于各个行业和领域。然而，随着大数据技术的不断发展和应用，大数据技术面临着许多挑战。这些挑战包括以下几个方面。

1．数据质量和准确性挑战

大数据中存在着大量的噪声和无关信息，这些数据会对数据分析的结果产生负面影响，因此如何保证数据的质量和准确性是大数据面临的重要挑战。在实际应用中，需要对数据进行清洗、去重、格式转换等工作，以去除噪声和无关信息，提高数据的质量和准确性。此外，还需要采取一些技术手段，如数据挖掘、数据分类等，以提高数据的准确性和可靠性。

2．数据处理和分析人才短缺

大数据处理和分析需要具备专业技能和经验的人才，而这些人才往往比较短缺。不同领域和行业的大数据处理和分析需要不同的专业技能和经验，因此如何培养和吸引数据处理和分析人才是大数据面临的重要挑战。此外，由于大数据处理和分析的复杂性，需要多个领域的专业人才协同工作，如计算机科学、统计学、数学等，这也加剧了人才短缺的问题。

3．数据安全和隐私问题

大数据处理和分析过程中涉及大量的个人和企业数据，这些数据的安全和隐私保护是大数据面临的重要挑战。在大数据的采集、存储、传输和使用过程中，需要采取各种数据安全和隐私保护措施，如数据加密、数据脱敏、访问控制等，以确保数据的机密性和完整性。

4．数据处理速度和实时性挑战

大数据处理需要快速高效地处理大量的数据，同时满足实时性的要求。因此，需要采用高效的数据处理技术和算法，提高数据处理的速度和实时性。这需要针对不同的数据处理需求，选择合适的数据处理技术和算法，并进行优化和改进以满足要求。同时，也需要加强对数据处理速度和实时性的监控和管理，及时发现和处理问题。

第二节　大数据时代传统财务管理面临的问题

在大数据时代，企业财务管理面临着诸多问题，只有深刻认识和理解这些问题，才能更好地认识和理解大数据对企业财务管理的时代意义，促进企业财务的大数据转型。

一、财务管理体系不完善

在大数据时代，许多企业仍然沿用传统的财务管理模式，缺乏对大数据技术的充分应用和财务管理体系的全面认知，这直接导致了企业财务管理水平滞后，无法适应新时代的发展需求。下面，我们将从以下几个方面对这一挑战进行深度分析与阐述。

（一）企业对于财务管理的重视程度不够

在市场竞争日益激烈的背景下，许多企业更加注重业务发展和市场份额的扩大，将主要资源和精力投入产品研发、市场推广等方面，而对于财务管理的重要性认识不足。这种状况可能导致企业在运营过程中无法充分发挥财务管理在企业决策和风险控制方面的作用，从而在市场竞争中处于不利地位。企业对于财务管理的重视程度不够，主要表现在以下几个方面。

1．企业高层管理者对财务管理的重视程度不够

在企业的日常经营中，高层管理者通常更加关注市场拓展、产品研发、成本控制等方面，而对财务管理往往只是停留在财务报表的层面。这种状况下，财务管理的重要性和作用往往被忽视，导致企业在决策时缺乏准确的数据支持，增加了企业的经营风险。

2．企业财务管理人员的地位和待遇不高

在很多企业中，财务管理人员往往被视为后勤辅助人员，地位和待遇相对较低。这不仅影响了财务管理人员的工作积极性，也导致他们在企业的经营决策中缺乏话语权，无法充分发挥专业能力。

3．企业对财务管理投入的资源不足

很多企业在财务管理方面的投入相对较少，如缺乏专业的培训和学习机会、软硬件设施投入不足等。这种状况导致财务管理人员无法及时掌握最新的管理方法和技能，难以应对复杂多变的财务和经营环境。

（二）财务管理制度不健全

部分企业的财务管理制度存在漏洞和不合理之处，这严重影响了企业财务管理工作的开展，甚至对企业经营和投资者利益造成损害。下面，我们将对财务管理制度不健全的问题进行深度分析与扩展。

1．财务核算流程不规范

财务核算是财务管理的基础工作之一，对于保证财务数据的准确性和可靠性具有重要作用。然而，一些企业的财务核算流程存在不规范的现象，导致财务数据的准确性和可靠性受到影响。具体而言，这些企业可能没有建立完善的财务核算制度，缺乏标准化和规范化的核算流程，导致不同部门和人员的操作方式存在差异，从而影响了财务数据的准确性。另外，一些企业在财务核算过程中缺乏有效的审核和监督机制，容易出现数据错误、遗漏等问题，这也给财务数据的准确性带来一定的影响。

2．内部控制制度不严格

内部控制制度是企业财务管理中重要的一环，对于确保财务信息的真实性和可靠性、预防财务风险具有重要作用。然而，部分企业的内部控制制度存在不严格的问题，如授权审批制度不完善、内部审计不严格、责任追究不力等。这些问题容易导致财务管理中出现失误和舞弊行为，给企业的经营带来风险。例如，授权审批制度不完善可能导致一些不合理的支出或决策无法得到有效控制，给企业带来经济损失。内部审计不严格和责任追究不力则可能导致企业无法及时发现和纠正财务管理中的问题，从而给企业带来潜在的损失和风险。

3．**审计制度不完善**

审计制度是保障企业财务管理合规性和有效性的重要手段。然而，一些企业的审计制度存在不完善的问题，如内部审计机构不健全、审计程序不规范、审计结果不准确等。这些问题容易造成企业财务管理中的漏洞和违规行为无法及时发现和纠正，给企业的经营和声誉带来不良影响。同时，审计制度的不完善也容易导致审计结果的可信度受到质疑，使企业的投资者和利益相关者对企业财务状况的评估产生困难，从而影响企业的经营和发展。

（三）财务管理手段单一

在大数据时代，信息是企业发展和运营的关键资源。然而，很多企业在大数据时代背景下仍然缺乏对大数据技术的足够应用，使得财务管理手段相对单一。这种现状不仅会制约企业财务管理效率的提升，还可能增加企业的财务风险。具体来说，目前很多企业仍然采用传统的财务管理手段，过分依赖人工核算和处理。这种处理方式不仅效率低下，而且出错率较高，严重影响企业的财务数据处理效率和准确性。此外，由于缺乏对大数据技术的应用，企业的数据分析能力也相对较弱，无法从大量财务数据中提取有价值的信息，及时发现和预警潜在的财务风险。

同时，传统的财务管理手段还存在信息共享不足的问题。企业在处理财务数据时，往往只关注数据的处理和分析，而忽略了与其他业务数据的集成和共享。这就会导致企业无法全面了解和掌握自身的经营情况和市场变化，从而影响企业的决策和发展。

因此，为了提升企业的财务管理水平并降低财务风险，需要积极引入大数据技术，构建现代化的财务管理体系。首先，建设财务管理信息系统。通过引入先进的信息技术，建设财务管理信息系统，实现财务数据的自动化处理和分析，提高财务数据处理效率和准确性。这样可以使企业的财务管理工作更加高效便捷，减少人为错误和失误的发生。其次，强化数据挖掘和分析能力。运用大数据技术对海量财务数据进行挖掘和分析，发现隐藏在数据中的规律和趋势，及时为企业的决策提供有力支持。这可以帮助企业更好地把握市场动态和消费者需求，制定更加科学合理的经营策略。

财务管理体系不完善是大数据时代企业面临的重大挑战之一。为了应对这一挑战，企业需要从提高财务管理重视程度、健全财务管理制度、运用大数据技术等方面入手，不断完善和优化财务管理体系，以提高财务管理的效率和效果，推动企业的可持续发展。

二、财务信息安全风险

随着信息量的不断增加，信息安全风险也随之提高。企业的财务信息作为企业的核心机密，对于企业的发展和运营至关重要。一旦财务信息泄露或被窃取，将对企业造成不可估量的损失。因此，对于企业来说，保障财务信息安全是至关重要的。在大数据时代背景下，很多企业仍然缺乏足够的安全意识，对于财务信息的安全管理重视程度不够。具体来说，存在以下几个方面的问题。

（一）密码设置简单

很多企业在设置密码时过于简单，容易被黑客破解，从而造成财务信息的泄露。这种风险不仅涉及企业的财产安全，还可能涉及企业的声誉和商誉。一旦密码被破解，黑客可能会利用企业的财务信息进行非法活动，如进行金融诈骗、偷税漏税等，给企业带来巨大的经济损失和法律责任。

为了降低这种风险，企业需要更加重视密码的设置和管理。首先，密码需要足够复杂和安全，包括数字、字母、特殊字符等，以增加被破解的难度。其次，密码的长度也需要足够长，一般要求 8 位以上，以增加密码的复杂性和安全性。此外，密码需要定期更换，一般要求每季度更换一次，以保障密码的安全性和有效性。

（二）权限分配不合理

一些企业在权限分配上存在不合理的情况，部分员工拥有过大的权限，而对其权限管理又不够严格，导致一些不必要的信息被泄露出去。

权限过大不仅会导致信息的安全风险增加，还可能会引发员工的内部腐败问题。

为了降低这种风险，企业需要更加严格地管理员工的权限。首先，应该合理分配员工权限，各部门员工只拥有其必需的权限，不需要拥有过多的权限。其次，对于重要信息的查询和使用，需要设置严格的审批流程和权限管理机制，以避免信息的滥用和泄露。此外，对于离职员工和新入职员工的权限要及时进行调整和注销，以保障企业信息的安全性和稳定性。

（三）数据备份不及时

一些企业对于财务数据的备份不够及时，一旦发生意外情况，导致数据丢失或损坏，给企业带来不可估量的损失。数据备份是保障企业信息安全的重要措施之一。

为了降低这种风险，企业需要更加重视数据的备份和管理。首先，应该建立完整的备份计划和备份管理制度，定期进行数据备份并存放在安全可靠的地方。其次，备份数据的恢复和管理也需要有专门的人员负责和监督，以保障备份数据的安全性和完整性。此外，对于备份数据的存储设备也需要进行严格的管理和维护，以避免设备损坏或者被盗等问题所导致的数据丢失或者损坏。

企业的财务信息安全风险是存在的。为了降低这种风险，企业不仅需要建立健全财务信息安全管理制度，还需要加强员工的安全意识和培训，提高企业自身的防御能力，同时，政府也需要加强对企业信息安全的监管和管理，确保信息的安全性和稳定性，推动大数据时代的信息安全发展。

三、财务管理人才匮乏

大数据时代的到来对于财务管理人员的素质和能力提出了更高的要求。然而，当前很多企业的财务管理团队存在着人才匮乏的问题，这主要表现在以下几个方面。

（一）具备大数据分析能力的财务管理人才较少

在传统财务管理模式下成长起来的财务管理人员具备财务报表制作和解读能力，具备扎实的财务理论知识，熟知财务法规和会计准则，但却缺乏对大数据技术的研究和应用能力。他们可能无法有效地利用大数据技术对海量数据进行深度挖掘和分析，无法从这些数据中提炼出有价值的信息，为企业决策提供科学依据。这在很大程度上限制了企业的决策效率和精准性，也影响了财务管理在企业运营中的重要作用。

（二）财务管理人员的职业道德素质需要提高

在现实生活中，部分财务管理人员缺乏必要的职业道德素养，在工作中存在违规操作、弄虚作假等问题。这些行为严重影响了财务数据的真实性和可靠性，给企业的经营带来风险，甚至可能触犯法律，引发严重的法律后果。因此，企业需要关注财务管理人员的职业道德教育，提高他们的道德素质和职业操守，确保财务管理的公正、透明和合法。

（三）财务管理人员的风险意识需要加强

在大数据时代背景下，企业所面临的风险更加复杂和多样化，包括财务风险、市场风险、技术风险等。然而，部分财务管理人员仍然缺乏足够的风险意识，对于可能出现的风险没有及时进行预警和防范。因此，企业需要加强财务管理人员风险意识的培养，提高他们的风险识别和评估能力，以便能够及时采取有效措施应对各种可能出现的风险，确保企业的稳健发展。

大数据时代对财务管理人员的素质和能力提出了更高的要求，但当前很多企业的财务管理团队存在着人才匮乏的问题。为了应对这些问题，企业需要加强对财务管理人员的培养和教育，提高他们的专业素质、技术能力和道德操守，增强他们的风险意识，以满足大数据时代的发展需求，推动企业的可持续发展。

第三节　大数据与现代财务管理的契合性分析

财务战略作为企业资源配置的决策体系，它在企业整体目标的引领下，融合了财产的购置、投资、融资以及管理，大大促进了财务部门对企业业务变化的洞察力。一方面，大数据除了海量数据能为财务管理带来更多的益处外，通过对数据的分析、处理，提取出有价值的信息，为企业的管理、决策带来更有利的支撑条件；另一方面，大数据也对传统的财务系统、财务人员素质提出了更高的要求，财务人员应不断提高从海量数据中提取对企业有用信息的能力。

一、大数据契合企业财务管理发展的新需求

（一）财务数据处理和分析方法更加多样

传统的财务管理往往依赖财务人员或其他较为简单的工具进行数据处理和分析。然而，随着大数据时代的到来，企业需要处理的数据量呈现出爆炸性的增长，这使得传统的数据处理和分析方法已经无法满足企业的需求。大数据技术提供了更高效、更精确的数据处理和分析方法，这使得财务管理从烦琐的手工劳动中解脱出来，极大地提高了工作效率和准确性。具体来说，大数据技术可以快速、准确地处理海量的财务数据，提供更丰富的数据处理结果和更准确的预测。通过使用大数据分析工具，企业可以更好地了解其财务状况和经营情况，更好地支持企业的决策。例如，大数据技术可以帮助企业识别财务数据中的异常和趋势，从而更好地进行风险管理和内部控制。

此外，大数据技术还可以提供更精确的财务预测。通过利用大数据技术对市场、用户等数据进行分析和挖掘，企业可以根据市场需求和趋势作出更精确的财务预测，从而更好地制定营销和财务策略。例如，在房地产行业中，通过大数据技术对市场数据进行分析和挖掘，可以更准确地预测房地产市场的走势和风险，从而更好地制定投资策略。

大数据技术的出现使得财务管理从烦琐的手工劳动中解脱出来，提供了更高效、更精确的数据处理和分析方式，从而更好地支持企业的决策。

（二）财务预测的精确性要求不断提升

在传统的财务管理中，财务预测通常基于历史数据进行主观性和经验性的判断。这种方法不仅受到数据质量、完整性和时效性的限制，而且往往存在较大的误差和不确定性。因此，预测的精度和可靠性相对较低。大数据技术的出现改变了这一局面。通过分析和挖掘大量数据，利用机器学习和人工智能等技术，可以对未来的财务状况进行较为精确的预测。这些技术可以帮助我们从海量的数据中提取有价值的信息，发现隐藏在数据中的规律和趋势，从而更好地预测未来的财务表现。例如，通过分析市场趋势、企业销售数据、消费者行为等数据，可以预测未来的销售额、成本和利润等指标。这种预测不仅更加精确，而且可以为企业制订更为合理的财

务计划和预算提供重要的参考依据。这样，企业可以更好地应对市场风险，优化资源配置，提高盈利能力，实现可持续发展。

此外，大数据技术还可以帮助企业进行更准确的财务决策。通过分析数据，我们可以更好地了解企业的财务状况和经营情况，从而作出更加科学、合理的决策。例如，在投资决策中，通过分析目标企业的财务数据和市场趋势，可以评估其未来盈利能力，从而做出更加明智的投资决策。

大数据技术通过提高财务预测的精确性和可靠性，为企业提供了更加科学、准确的决策支持，有助于企业更好地应对市场风险和提高盈利能力。

（三）财务管理范围不断扩大

大数据时代的到来，极大地拓宽了财务管理的范围。在传统财务管理中，主要关注财务报表和财务指标的分析，然而，这已无法满足现代企业的需求。现代财务管理需要更加全面、精细化的管理方式。通过大数据技术，财务管理不再局限于传统的财务报表和指标分析，而是扩展到了更广阔的范围。例如，大数据技术可以对企业的供应链、人力资源等各个领域进行全面分析和优化。这种转变不仅更好地满足了企业的战略发展需求，还进一步提高了企业的整体运营效率。

在供应链管理方面，通过大数据技术对供应链数据进行深度分析和挖掘，企业可以更加准确地预测市场需求，从而优化库存管理、降低成本。同时，这些数据还可以帮助企业及时发现市场变化，快速调整生产和销售策略，提高运营效率。

在人力资源方面，大数据技术可以帮助企业全面分析员工绩效、人才需求和员工流动情况等数据，从而优化人员配置、提高效率。通过对员工发展和职业规划的数据分析，企业可以更好地了解员工需求，为员工提供更好的培训和发展机会，提高员工满意度和忠诚度。

这种全面的财务管理方式不仅有助于企业更好地管理财务风险，同时也能够促进企业的整体发展。通过大数据技术的分析和优化，企业可以实现资源的合理配置，提高运营效率，为企业的长远发展打下坚实的基础。

（四）财务风险的实时监控

传统财务管理中的财务风险监控通常是在事件发生后的“马后炮”，即只能在财务危机发生后才进行控制和补救。这种滞后的反应对于企业来说，无论是经济损失还是声誉损失，都是极其不利的。大数据技术的出现改变了这一局面。通过实时监控大量的财务数据，利用大数据技术可以及时发现和预警潜在的财务风险。例如，大数据技术可以实时监控现金流数据、应收账款数据等，及时发现和应对资金流动风险、坏账风险等。这种实时的监控可以使得企业在财务风险发生之前就及时采取措施，避免财务风险的发生或者减小其影响。

此外，大数据技术还可以帮助企业建立更加完善的财务风险预警机制。通过深度分析和挖掘数据，结合企业的实际情况，可以制定出更加精细化的预警指标和预警阈值，使得预警机制更加准确、及时和有效。

（五）加强内部控制和审计

在传统的财务管理中，内部控制和审计主要依赖人工审查、制度执行等方式进行。然而，这种方式不仅效率低下，而且难以发现潜在的风险点，无法满足现代企业对于风险管理和内部控制的需求。随着大数据技术的不断发展，企业可以更加高效地实施内部控制和审计，提高内部审计的效率和准确性。具体来说，大数据技术可以帮助企业通过对大量数据的分析和挖掘，发现内部控制的薄弱环节和潜在的风险点。例如，通过对企业 ERP 系统的审计，可以发现数据异常和错误记录等风险点，进而及时纠正和完善内部控制制度。这种大数据技术的应用不仅提高了内部审计的效率和准确性，还可以帮助企业更好地了解和掌握内部控制制度的执行情况，更好地保护企业的资产安全和财务稳定。

此外，大数据技术还可以帮助企业加强风险管理。通过对大量数据的分析和挖掘，企业可以更好地了解自身的经营情况和市场趋势，从而制定更加科学、合理的风险管理策略。例如，通过对市场数据的分析和挖掘，企业可以预测未来的市场趋势和风险，从而制定更加稳健的营销策略和风险管理措施。

二、大数据为财务决策提供新的思路

在大数据的时代背景下，企业的财务决策过程正面临着空前的机遇和挑战。普华永道的一项调查显示，超过 70%的大型跨国公司高级管理人员认为数据是最有价值和非常有价值的资产，然而，只有 40%的人表示能够有效地使用这些数据。因此，在大数据时代，企业需要不断地提升自身的数据收集、分析和利用能力，积极转变财务管理的思路才能，才能抓住更多的机遇，应对更多的挑战。

（一）重新审视财务决策环境和思路

在大数据的时代背景下，大数据的理念和技术已经对传统的、依赖企业管理者个人经验和相关理论进行决策的模式产生了深远的影响。大规模、活性化的数据以及数据收集、分析和利用的能力，已经成了企业核心竞争力的关键来源。这一点在许多方面都有所体现。例如，在企业的运营策略、人力资源管理、市场营销策略、产品设计等领域。这些大规模数据的分析结果，常常能够揭示出一些未知的模式和趋势，帮助企业更好地理解市场和用户需求，以及制定更加精准、智能的决策。这也就意味着，与过去相比，企业不再仅仅依靠简单的业务数据和历史数据进行决策。相反，他们正在努力挖掘和利用内外部的各类数据，以获取更深入的洞察和有价值的情报。

大数据还可以帮助企业更好地理解其自身的运营情况和财务状况。例如，通过分析企业的销售数据、库存数据、生产数据等，可以对企业的发展策略、市场定位、产品设计和改良等方面进行有效的优化和调整。

因此，在大数据的背景下，企业的财务决策环境和思路已经发生了深刻的变化。企业需要不断地更新其决策模式和工具，以适应新的市场环境和竞争态势。通过深度重新审视财务决策环境和思路，企业可以更好地利用大数据的优势，提高决策效率和准确性，从而取得更好的发展成果。

（二）基于数据的财务决策服务导向

企业的运营标准已经发生了显著变化，从传统的以产品制造和销售为主导，转变为更加敏锐和高效地制造产品、提供服务。这不仅要求企业保证生产环节的高效运作，还要求企业具备快速响应市场需求的能力。为了达到这个目标，企业需要不断提升其数据收集和分析的能力，将数据转化为精练信息，并由前台传送至后台。

在这个过程中，大数据技术发挥着至关重要的作用。通过对海量数据的深度挖掘和分析，企业可以获取更准确、更有价值的信息，进而帮助企业进行更好的决策，提高生产效率和市场竞争力。例如，企业可以通过收集和分析消费者行为、购买历史、产品反馈等信息，来预测未来的市场需求和消费者需求。这样，企业就可以更好地制订生产计划和市场策略，提高生产效率，降低成本，同时也提高了市场竞争力。

此外，基于数据的财务决策服务导向不仅关注数据的应用和价值，还关注数据的实时性和可靠性。通过大数据技术，企业可以实时地获取和分析市场数据、销售数据等，进而实时调整生产和销售策略。这样，企业就可以更好地适应市场的变化，提高生产和销售的精准度和效率。

以数据为基础推动财务决策服务导向，可以帮助企业更好地实现敏锐快捷地制造产品、提供服务，保证生产环节的高效运作，并使企业成为一个有机整体，实现更好的发展。

三、大数据引发财务管理的无边界融合式

（一）无边界融合式财务管理的全新视角

随着信息技术的飞速发展以及管理理念的持续创新，企业的内外部边界正在不断变动，而财务管理的内涵和外延也在日益扩大。进入大数据时代，企业的各个部门都需要针对新的环境变化做出相应的调整或者变革，财务管理也不例外。

在现代化的企业中，根据产品和市场特性，往往会细分为多个业务单元。如何有效地进行资源配置，很难完全依赖经验做出判断。这时，数据分析的重要性就凸显出来了。大数据的独特优势在于其可以基于大量真实的最新业务数据进行计算和预测，帮助企业根据自身特定需求定制财务决策支持系统，进而为企业提供科学合理的决策建议。

在大数据的帮助下，可以实现财务信息与非财务信息的融合。这样的融合使得财务决策过程更加科学合理，避免了单纯依靠财务信息进行决策可能带来的不可控风险。同时，大数据的便捷性也使得财务信息的提取变得智能化，充分挖掘潜在信息以辅助决策，将资源更好地配置到具有优势的增长领域，从而提高财务处理效率。

无边界管理理念最早由通用电气原 CEO 杰克・韦尔奇提出。这个理念并不是指企业真的没有边界，而是强调组织各种边界的有机性和渗透性，主张打破各种隔阂和界限，以谋求企业能够对外部环境的改变做出敏捷并具有创造力的反应。

无边界融合式财务管理是一种全新的财务管理模式，它以企业战略为先导，强调财务应以一种无边界的主动管理意识，突破现有的工作框架和

模式，在价值链的各个环节与各个部门进行财务理念的沟通与传导，形成财务与其他各个部门的融合。这种融合能够促进企业整体价值可持续增长的财务管理模式。

无边界融合式财务管理将财务理念渗透到生产经营的各个环节，使信息沟通能够打破部门和专业的壁垒，提高整个组织信息传递、扩散和渗透的能力。通过这种方式，企业可以实现资源的优化配置以及价值的最大化创造。

（二）打破财务管理的边界

1．打破财务管理的纵向管理边界

传统的企业财务管理，往往采用一种垂直化的管理结构，即按照职能和职位的不同，将财务管理工作划分成不同的层次和角色，从上至下进行管理和控制。这种管理模式虽然能够保证财务管理工作的规范化和专业化，但也存在着一些问题。首先，这种管理模式容易导致信息的传递出现失真和延迟，因为信息在传递过程中会受到不同层次和职位的过滤和加工，从而使高层管理者难以获得第一手信息，无法作出及时准确的决策。其次，这种管理模式容易造成资源的浪费和重复劳动，容易产生重复工作和资源的浪费。

为了解决这些问题，无边界财务管理提出了打破垂直边界的要求。首先，需要减少财务部门的管理层次，使信息的传递更加直接和快速。同时，需要建立起扁平化的管理结构，使每个员工都有机会参与决策和表达自己的意见，从而增强整个团队的凝聚力和协作能力。其次，需要建立起良好的内部信任和合作关系，使上下级之间能够相互尊重、相互支持、相互信任。只有这样，才能建立起富有弹性的员工关系，营造出一种鼓励创新和自主决策的文化氛围。这种氛围可以激发员工的创造力和潜能，使整个团队更加高效的运转。

2．打破财务管理的横向管理边界

除了垂直边界外，财务管理工作还存在着水平边界。水平边界是指财务部门与其他部门之间的界限，这种界限往往是由于不同的职能部门有着不同的目标和职责而形成的。这种界限可能导致各职能部门只关注自身的利益而忽视企业的整体目标，甚至出现因为争夺资源而内耗不断的情况。

为了解决这些问题，无边界财务管理提出了打破水平边界的要求。首先，需要加强财务部门与其他部门之间的沟通和协作，使企业的各个职能部门能够形成一个协同工作的团队。其次，需要建立起跨部门的工作团队，使不同部门之间的人员能够共同合作、相互配合、共同完成企业的整体目标。此外，可以进行工作岗位轮换等有益的尝试，让员工了解不同部门的工作内容和流程，增强跨部门工作的意识和能力。通过这些方式，我们可以将企业的各个职能部门整合起来，形成一个更加协同、更加高效的工作模式。

3．打破财务管理的外部管理边界

除了内部边界外，财务管理工作还存在着外部边界。外部边界是指企业与外部环境之间的界限，这种分界线往往是由于企业与外部环境之间的竞争和合作而形成的。过去，企业间的竞争和合作都是以各自利益最大化为目标的。然而，随着全球化和互联网的不断发展，企业间合作成为更好的选择。因此，我们需要将财务管理的边界进行外部扩展，实现价值链上的财务整合。

首先，战略联盟、合作伙伴以及合资经营的发展速度大大超过了以往任何时候，企业单凭自身的力量已经很难在市场中竞争，我们需要将财务管理的边界进行外部扩展，实现价值链上的财务整合。

其次，通过将相关企业的信息变动纳入财务管理系统，实现价值链上的财务整合，可以促进企业与供应商、客户以及其他合作伙伴之间的信息共享和业务协同，降低成本、提高效率并增强企业的竞争力。例如，财务管理部门可以通过与供应商合作实现采购成本的降低，与销售商合作实现销售收入的增加，同时与金融机构合作实现资金成本的降低等。通过这些方式，可以将企业与外部环境整合起来，形成一个更加协同、更加高效的价值链模式。

4．打破财务管理的地理边界

随着企业规模的扩大和全球化进程的加快，企业各个分部的地理位置越来越分散，财务部门的分散也随之形成。由于地理位置的限制，企业往往需要设立多个财务部门来满足不同地区的财务需求。然而，这种分散的财务管理模式可能导致资源重复、管理成本高昂，同时也影响了企业的整体战略和协同效应。为了解决这些问题，企业需要打破地理边界，形成一种新的财务管理模式——财务共享服务。财务共享服务是一种将企业各业务单位分散进行的某些重复性财务业务整合到共享服务中心进行处理的新型财务管理模式。通过这种方式，企业可以将有限的资源和精力专注于核心业务，从而降低运营成本、提高服务质量、增强企业创新能力并创造新的竞争优势。

实施财务共享服务有很多优势。首先，它可以降低企业的运营成本。通过集中处理财务业务，企业可以减少财务部门的数量和人员规模，从而降低人力和物力成本。其次，它可以提高企业的服务质量。共享服务中心可以集中处理各个地区的财务业务，避免了地理位置的限制，提高了服务质量和响应速度。此外，它还可以增强企业的创新能力。企业可以将有限的资源和精力专注于核心业务，通过不断创新和改进来提高企业的核心竞争力。最后，它可以帮助企业创造新的竞争优势。通过实施财务共享服务，企业可以更好地实现整体战略和协同效应，从而在市场竞争中获得更大的优势。

为了成功实施财务共享服务，企业需要进行一系列的变革。首先，需要建立完善的共享服务中心来处理财务业务。这需要企业进行全面的业务流程再造和系统集成，以确保共享服务中心能够高效地运转。其次，需要建立完善的管理体系来规范共享服务中心的运营和管理，包括人员培训、质量监控、服务标准等方面的管理。此外，还需要建立完善的沟通机制来协调不同部门和地区之间的合作。

通过实施财务共享服务，企业可以更好地实现整体战略和协同效应，降低运营成本、提高服务质量、增强创新能力并创造新的竞争优势。因此，越来越多的企业开始关注并实施财务共享服务，以适应全球化背景下的市场竞争环境。

（三）无边界融合式业财融合创新

业财融合又称为“业务财务一体化”，是指将财务管理的理念深度融入企业各个业务活动中，借助先进的信息系统进行财务管理。这种创新模式并不仅仅是简单地将财务人员派驻到业务团队中，而是以企业前期的充分信息化建设和复合型人才培养为前提，不断重塑和优化财务流程，对业务全程进行精细化财务管理，并为管理层提供准确、及时的决策支持。同时，通过有效的绩效考核体系对业财团队进行监督和激励。这种创新模式最显著的特点是将财务触角深入公司经营的各个方面，从供应商选择、采购、生产、销售到客户服务等环节，实现全业务流程的业财联动，确保业务信息和财务信息的实时共享和高效转化。

要进行无边界融合式业财融合创新，企业需要将财务管理目标从单一的利润最大化、股东价值最大化逐步转向企业价值最大化的综合目标。这意味着企业需要将战略管理与财务管理紧密结合，更加关注财务目标的高度和远度，以及对企业未来发展的长远规划和投资决策。

无边界融合式业财融合创新是现代企业财务管理发展的必然趋势。通过深度融合业务与财务，企业可以更好地应对市场竞争和业务变革带来的挑战，实现资源的优化配置、降低成本、提高效率、增加企业价值以及促进可持续发展。

第三章　大数据与企业筹资、投资决策

第一节　企业筹资与投资

一、企业的筹资

（一）企业筹资的认识

1．企业筹资的概念

筹资是每个企业必然会遇到的财务问题。从概念上说，企业筹资是指企业作为筹资主体，根据其生产状况、经营状况、投资状况和调整资本结构状况的需要，通过一定的筹资渠道和金融市场，科学合理地运用筹资方式，高效地筹措和集中资本的活动。企业筹资是其开展各种生产经营活动的基础，企业筹资管理是企业财务管理的一项主要内容，能否及时有效地筹集资金关系到企业是否能够获得健康良好的发展。

筹资对企业影响是广泛而深刻的，它贯穿企业创建和发展的整个过程。在企业创建时，如果达不到法定的资本规模，那么会计师事务所是无法出具企业验资证明的，同时市场监管部门也不会为其办理注册登记手续发放营业执照，这种情况下企业不能进行生产经营活动。

在企业生产经营过程中，资金是企业发展必不可少的要素。企业生产经营规模的扩大、生产结构的调整、新产品的研制开发、公益活动的开展都离不开资金的支持。企业为了提高自己的额外收益、稳定供求关系会进行一系列的投资行为，在这个过程中，企业也必须要进行资本的筹集。负债是企业发展过程中的不稳定因素，企业为了保证健康发展必须降低负债比率，减轻偿债压力，这也需要及时筹集资本，调整企业资本的结构和运作方式。

2．企业筹资的目的

随着企业规模的不断扩大，需要的资金量不断增多。只使用自己的本金，很难满足企业的发展需要。企业扩大再生产需要的资金投入，通常情况下会远远超过企业的利润，这时企业可以一部分资金为基础，借入别人闲置的资金，并让对方取得资金收益，这样就是企业的筹资行为。筹资的目的主要有三大类。

（1）满足生产经营的需要。企业的生产经营活动可分为两种类型，即日常生产和扩大再生产。由于投资活动与企业的生产状况密切相关，相应的筹资活动也可分为两大类型，即满足日常正常生产经营需要和满足企业发展扩张需要的筹资。企业日常生产活动具有稳定性，这是保证企业稳定发展的基础，因此企业日常生产经营筹资无论是期限还是金额都具有稳定的特点。相对地，企业的扩大再生产是根据企业的发展状况而定的，为其服务的扩张型的筹资活动，其筹资时间的安排、筹资数量的多少都有不确定性，其目的都从属于特定的投资决策和投资安排。无论是日常生产筹资还是扩大再生产投资都属于生产经营筹资，其直接结果是增加企业资产总额和筹资总额。

（2）满足对外投资的需要。企业对外投资的根本目的是获取额外的收益。针对不同的情况企业对外投资一般出于三个方面的考虑。首先，充分利用闲置资金。这种考虑充分提高了企业资金的利用率，保证了企业资金的高效运作。其次，获取利润。这种考虑通常是因为企业对外投资有高于企业对内投资的获利机会。最后，服务生产。这种对外投资是指企业控制被投资企业的业务，其目的是使其配合本企业的生产经营活动。

（3）满足资金结构调整的需要。资金结构调整是每个企业都会遇到的财务问题。进行资金结构调整的目的是减少资金成本，降低筹资风险，调整所有者权益与负债之间的比例关系。对每一家企业而言，资金结构调整都是事关企业资金运作稳定的重大的财务决策事项，同时也是企业筹资管理的重要内容。企业应根据实际状况进行适当的结构调整。当负债率上升或经营前景不佳时，企业可减少负载筹资比例，增加所有者权益的筹资比例；当负载率下降时，企业则可采取相反的措施。

（二）企业筹资的方式

企业筹资的方式可以分为多种，每一种都有其特定的优缺点和适用场景。以下是对不同方式的企业筹资类型的分析。

1. 股权筹资

股权筹资是指企业通过发行股票来筹集资金，是企业重要的筹资方式之一。

（1）股权筹资的优点。资金来源广泛。股权筹资可以吸引大量的投资者，包括个人投资者、机构投资者和风险投资者等，因此可以筹集到大量的资金。没有固定利息支付压力。股权投资者通常会根据企业的经营情况和股票市场的表现来决定是否分配股利或进行股票回购，因此企业没有固定的利息支付压力。资金使用灵活。通过股权筹资，企业可以获得较长期的资金支持，而且资金的使用比较灵活，可以用于企业的各项经营和投资活动。

（2）股权筹资的缺点。控制权分散。股权筹资会导致企业的控制权分散，原股东的股权会被稀释，可能会影响到企业的战略决策和经营管理。股票发行成本高。股权筹资需要支付一定的发行费用和中介费用等成本，而且这些成本通常比较高。经营压力增大。股权筹资后，企业需要向投资者分配股利或进行股票回购，如果企业的经营状况不佳，可能会影响到企业的财务状况和市值。法律法规限制。股权筹资需要遵守相关的法律法规，如证券法、公司法等，如果违反法律法规可能会导致企业面临法律风险和经济损失。

（3）适用场景。股权筹资通常适用于企业需要大量资金支持的场景，如扩张、收购、研发等。同时，如果企业拥有较好的商业模式和成长潜力，也可以通过股权筹资吸引投资者关注并获得更多的资金支持。

2. 债权筹资

债权筹资是企业一种重要的筹资方式。企业一般通过发行债券或向银行借款来筹集资金。

（1）企业债券筹资的优点。资金成本相对较低。相比于股权筹资，债权筹资的利息和本金支付的固定性使其成为一种相对低成本的筹资方式。企业可以利用债务的税盾效应来降低财务成本，即债务利息可以在税前扣除，从而减少企业的应纳税额。财务杠杆效应明显。债权筹资可以为企业带来财务杠杆效应，即当企业的息税前利润增加时，每一元利润所负担的固定利息费用会相应减少，从而给投资者带来额外的收益。能够优化资本结构。通过债权筹资，企业可以优化其资本结构，即负债和所有者权益的比例关系。适度的负债可以降低企业的加权平均资本成本，提升企业的市场价值。

（2）企业债券筹资的缺点。需要定期支付利息和本金。相比于股权筹资，债权筹资需要定期支付固定的利息和本金，这会给企业带来一定的财务压力。如果企业无法按时偿还债务，可能会面临违约和破产的风险。债权筹资通常会附带一些限制性条款，如对企业的资产抵押、经营活动的限制等，这可能会影响企业的经营灵活性和战略实施。债权筹资的固定性和长期性意味着风险相对集中。如果市场条件发生变化或企业经营出现问题，可能会影响到企业的债务偿还能力，进而导致违约和破产的风险。

（3）适用场景。债权筹资通常适用于企业需要大量资金支持，同时又希望保持相对较低的财务风险的情况。例如，企业可以通过发行债券或向银行借款来支持扩张计划、收购活动等。然而，企业需要谨慎评估自身的偿债能力和风险承受能力，确保能够按时偿还债务并控制财务风险。

3. 内部筹资

内部筹资是企业通过自身的盈利和积累来筹集资金的一种方式。

（1）内部筹资的优点。无需支付额外费用。与外部筹资方式相比，内部筹资不需要支付诸如发行费用、中介费用等额外的筹资费用，因此成本相对较低。降低财务风险。内部筹资是通过企业的自身盈利和积累而来，不会增加企业的债务和财务风险。这样可以避免因外部筹资带来的偿债压力和财务风险。灵活性高。内部筹资通常无需经过复杂的审批程序和满足特定条件，企业可以根据自身的经营情况和需求灵活运用资金。

（2）内部筹资的缺点。积累资金速度较慢。内部筹资取决于企业的盈利能力和利润积累，因此资金积累速度相对较慢，无法满足企业快速发展的资金需求。缺乏长期稳定的资金来源。内部筹资通常只能提供短期资金来源，而企业可能需要长期稳定的资金来支持战略发展计划。可能会影响企业盈利分配。内部筹资可能会影响到企业的盈利分配，如果过多的利润用于内部筹资，可能会影响到股东的分红和企业的盈利能力。

（3）适用场景。内部筹资通常适用于企业需要短期资金支持，同时又不想增加财务风险的情况。例如，企业可以通过提取盈余公积、未分配利润等方式来筹集资金，用于补充流动资金、扩大生产规模等。然而，当企业面临快速发展或紧急资金需求时，内部筹资可能无法满足其需求，企业仍需考虑外部筹资方式。

4. 衍生工具筹资

衍生工具筹资是指企业通过发行可转换债券、认股权证等衍生金融工具来筹集资金。

（1）衍生工具筹资的优点。更多的资金来源。衍生工具筹资可以为企业提供更多的资金来源，吸引更多的投资者，特别是在市场环境不景气或企业财务状况不佳时，能够继续筹集资金。股权与债务的双重特性。衍生工具筹资通常具有股权和债务的双重特性，如可转换债券和认股权证等。这意味着投资者在一定条件下可以将债权转换为股权，或行使认股权证以获取股份，从而参与企业的股权交易。灵活性强。衍生工具筹资的方式较为灵活，企业可以根据自身的经营情况和财务目标，设计出符合需求的衍生工具，以满足不同的融资需求。

（2）衍生工具筹资的缺点。操作复杂。衍生工具筹资涉及金融市场的复杂操作，包括利率、汇率、期权等一系列金融变量的分析和预测。这需要专业的金融知识和经验支持，增加了操作难度和风险。财务风险较高。衍生工具筹资虽然可以为企业带来更多的资金来源，但也加大了企业的财务风险。在市场环境变化或企业财务状况不佳时，可能会面临无法按时偿还债务或股权被稀释的风险。筹资成本较高。衍生工具筹资通常需要支付较高的发行费用和中介费用等成本，增加了企业的融资成本和财务压力。

（3）适用场景。衍生工具筹资通常适用于企业需要筹集大量资金，特别是在市场环境不利或财务状况不佳时仍需筹集资金的情况。例如，在企业扩张、收购、研发等战略发展计划中，可以通过发行可转换债券或认股权证等衍生工具来吸引投资者，并获得所需的资金支持。

5．租赁筹资

租赁筹资是一种通过租赁设备或资产来获取资金的方式。

（1）租赁筹资的优点。快速获得资金。租赁筹资通常可以在较短的时间内获得资金，企业可以根据自身需求快速获得所需的设备或资产支持。避免设备或资产折旧风险。通过租赁，企业可以避免设备或资产的折旧风险。在租赁期间，设备的维护和保养费用通常由出租方承担，降低了企业的运营成本和风险。灵活性高。租赁筹资通常具有较高的灵活性，可以根据企业的需求调整租赁期限、租金等条款，以满足企业不同阶段的需求。

（2）租赁筹资的缺点。造成额外财务压力。租赁筹资需要支付额外的租金和保证金等费用，这可能会增加企业的财务压力。如果企业的现金流不稳定或无法按时支付租金，可能会影响到企业的财务稳定性和信用评级。需要遵守限制性条款。租赁合同通常包含一些限制性条款，如对设备或资产的使用方式、维修保养等要求，这可能会影响到企业的经营灵活性和战略实施。提高设备升级或更新风险。在租赁期间，企业无法自由地升级或更新设备，可能会影响到企业的技术进步和生产效率提升。

（3）租赁筹资通常适用于企业需要获取短期资金支持，同时又不想承担设备或资产折旧风险的情况。例如，企业可以通过租赁的方式来获取所需的设备或资产，以支持短期的生产经营活动。

企业在选择租赁筹资时需要谨慎评估自身的财务状况和需求，确保能够承担租金和保证金等额外费用，并且了解租赁合同的限制性条款和风险。同时，需要与专业的租赁机构合作，共同制订合适的租赁方案和风险管理措施。

二、企业的投资

（一）企业投资的概念

企业投资是指企业以自有的资产投入，承担相应的风险，以期合法地取得更多的资产或权益的一种经济活动。企业投资是一种财务管理活动，其目的是实现企业的财务管理目标和发展生产。企业投资需要充分考虑自身的条件和市场环境，进行充分的市场调查和风险评估，以实现投资的可行性和收益性。同时，企业投资也需要遵守相关的法律法规和规范，确保投资的合法性和稳健性。

企业投资不仅是简单的资金投入，更是一种战略决策，关乎企业的长远发展。因此，企业在进行投资决策时需要全面考虑各种因素，包括自身的战略目标、财务状况、市场情况、竞争环境等。同时，企业还需要对投资项目进行深入的分析和研究，了解项目的可行性、收益性和风险性，以便做出明智的投资决策。

（二）企业投资的类型

企业投资的类型可以根据不同的角度进行分类。

1．按投资回收期限分类

按照投资回收期限，分为短期投资和长期投资。短期投资通常是为了获取短期的收益，以满足企业的流动性需求和财务目标。这种投资的主要特点是投资期限较短，通常在一年以内，并且风险相对较低。短期投资的主要目的是获取短期的收益，以满足企业的流动性需求和财务目标。例如，企业可以通过购买短期债券或股票来实现短期投资，以获取短期的收益。这种投资通常不涉及太多的决策和风险评估，企业可以根据自身的资金状况和财务目标进行投资决策。

长期投资则是为了实现企业的长期战略目标和发展计划，以提升企业的长期竞争力和价值。这种投资的主要特点是投资期限较长，通常在一年以上，并且风险相对较高。长期投资的主要目的是实现企业的长期战略目标和发展计划，如购买专利、品牌、土地等资产或者对外进行长期投资。这种投资需要进行全面的市场调研和分析，评估项目的可行性和收益性，并且需要采取有效的风险管理措施，以确保投资的稳健性和安全性。

2．按投资行为的介入程度分类

企业投资按投资行为的介入程度可以分为直接投资和间接投资。

直接投资是指企业通过直接参与被投资对象的经营活动或投入人力、物力、资金等实质性资源，以获得经营控制权和战略利益的投资行为。包括企业内部直接投资和对外直接投资，如企业将资金用于购买固定资产、无形资产等，以扩大企业生产规模、提高生产效率等。或者通过并购、合资、股权投资等方式，直接进入其他企业或行业，以获取经营控制权和战略利益。直接投资通常需要企业投入大量的资源，承担较大的风险，但也可能带来较高的收益和战略利益。

间接投资是指企业通过购买被投资对象发行的金融工具而将资金间接转移交付给被投资对象使用的投资行为。如企业购买特定投资对象发行的股票、债券、基金等。间接投资通常不涉及企业的经营控制权和战略利益，而是为了获取一定的资本收益或降低风险。间接投资相对于直接投资风险较低，但收益也相对较少。

在投资决策中，企业需要根据自身的战略目标、财务状况和风险承受能力等因素，选择合适的投资方式和类型。对于直接投资，企业需要进行全面的市场调研和分析，评估项目的可行性和收益性，并采取有效的风险管理措施。对于间接投资，企业需要关注市场风险和利率风险等，并选择合适的投资工具和组合来降低风险。同时，企业还需要遵守相关法律法规和规范，确保投资的合法性和稳健性。

3．按投资的方向不同分类

企业投资按投资的方向不同可以分为对内投资和对外投资。

对内投资是指企业将资金用于购买固定资产、无形资产等，以扩大企业生产规模、提高生产效率等。对内投资通常是为了实现企业的长期战略目标和发展计划，以提升企业的竞争力和价值。例如，企业购买新的生产设备、技术或知识产权等，以扩大生产规模、提高产品质量和生产效率，或者投资研发项目，以提升企业的技术创新能力和市场竞争力。对内投资需要企业进行全面的市场调研和分析，评估项目的可行性和收益性，并采取有效的风险管理措施，以确保投资的稳健性和安全性。

对外投资是指企业通过并购、合资、股权投资等方式，直接进入其他企业或行业，以获取经营控制权和战略利益。对外投资通常是为了实现企业的多元化发展、拓宽市场渠道等战略目标。例如，企业通过并购或股权投资等方式进入新的市场领域或行业，以扩大企业的经营规模和市场份额，或者通过合资合作等方式与其他企业共同投资项目，以实现资源共享和风险共担。对外投资需要企业进行全面的市场调研和分析，评估项目的可行性和收益性，并采取有效的风险管理措施，以确保投资的稳健性和安全性。同时，对外投资还涉及企业管理和文化等方面的融合问题，需要企业具备相应的管理能力和经验。

4. 按投资的目的分类

企业投资按投资的目的可以分为战略性投资和财务性投资。

战略性投资是指企业为了实现长期战略目标和发展计划而进行的投资，主要包括对内投资和对外投资中的战略性并购、股权投资等。战略性投资通常是为了获取经营控制权和战略利益，以提升企业的竞争力和价值。这种投资是为了实现企业的长期战略目标和发展计划，如通过并购或股权投资等方式进入新的市场领域或行业，以扩大企业的经营规模和市场份额，或者通过自主研发和技术创新等方式提升企业的技术创新能力和市场竞争力。战略性投资需要企业进行全面的市场调研和分析，评估项目的可行性和收益性，并采取有效的风险管理措施，以确保投资的稳健性和安全性。

财务性投资是指企业为了获取一定的资本收益或降低风险而进行的投资，主要包括短期投资、间接投资等。财务性投资通常不涉及企业的经营控制权和战略利益，而是为了获取短期的资本收益或降低风险。这种投资的主要目的是获取短期的资本收益或满足企业的流动性需求和财务目标，如购买短期债券或股票、进行间接投资等。财务性投资通常不涉及企业的经营控制权和战略利益，而是为了获取短期的资本收益或降低风险。这种投资需要企业进行全面的市场调研和分析，评估项目的可行性和收益性，并采取有效的风险管理措施，以确保投资的稳健性和安全性。

三、企业投资与筹资的关系

企业筹资与投资之间存在着紧密而复杂的关系，这种关系涵盖了多个方面。从资金流动的角度看，筹资和投资是资金在企业内部循环的两个重要环节；从企业战略的角度看，筹资和投资都服务于企业的战略目标，是企业实现长期发展和提高竞争力的关键因素。

（一）企业筹资是投资活动的前提和基础

从资金流动的角度看，筹资和投资是资金在企业内部循环的两个重要环节。筹资是资金流入企业的过程，是企业通过各种方式获取资金的过程；而投资则是资金流出企业的过程，是企业将资金投入到各项业务和资产中的过程。

筹资是企业资金循环的起点，也是投资活动的前提。企业的生产经营活动需要资金支持，而筹资则是获取资金的重要手段。没有充足的资金流入，企业无法进行投资活动，无法购买所需的资产和资源，也无法开展各项生产经营活动。因此，筹资是企业投资活动的前提和基础。

有效的投资活动能够促进企业资金的增值和再循环。投资活动是企业将资金投入到各项业务和资产中的过程，通过有效的投资，企业可以获取更高的收益和回报，从而实现资金的增值。同时，投资活动也可以为企业提供新的资金来源，促进企业资金的再循环。因此，没有有效的投资活动，企业也无法实现资金的增值和再循环。

（二）企业筹资和投资之间相互影响

企业筹资的效果直接影响到其投资活动的效果，因为资金是企业开展各项业务和运营的基础。如果企业能够成功筹资到足够的资金，那么其投资活动就有了坚实的后盾。相反，如果筹资不足或筹资失败，那么企业的投资活动也将受到限制或无法开展。投资活动的收益又会反过来影响企业的筹资能力。这是因为企业的投资活动效果直接关系到其盈利能力，而盈利能力又是企业未来筹资的重要保障。

如果企业的投资活动能够创造更多的收益，那么其未来的筹资能力也会相应增强。一方面，盈利能力的提高可以为企业提供更多的内部资金来源，从而减轻对外部筹资的依赖；另一方面，盈利能力强的企业也更容易获得投资者和金融机构的信任和支持，从而更容易筹集到所需的资金。反之，如果企业的投资活动效果不佳，那么其未来的筹资能力也可能会受到影响。这是因为，一方面，投资效果不佳会导致企业无法实现预期的收益和回报，从而无法提供足够的内部资金来源；另一方面，投资效果不佳也会影响投资者和金融机构对企业的信任和支持，从而使企业更难以筹集到所需的资金。

四、企业投资与筹资面临的时代挑战

（一）全球经济环境的不稳定性

随着全球经济的不断发展和一体化程度的加深，企业所面临的投资和筹资环境也日益复杂。全球经济环境的不稳定性主要表现在以下几个方面。

1．贸易保护主义和贸易战

近年来，贸易保护主义和贸易战逐渐成为全球范围内的热门话题。一些国家为了保护本国企业和就业，采取了提高关税、限制进口等措施，这些措施导致全球贸易战的风险不断加大。贸易保护主义和贸易战不仅会影响企业的出口和投资，还会增加企业筹资的难度和成本。

首先，贸易保护主义和贸易战会对企业的出口和投资产生负面影响。当一个国家提高关税或限制进口时，该国企业的出口量可能会减少，从而影响企业的销售额和利润。同时，贸易战还可能导致其他国家采取报复性措施，使得企业的投资环境变得更加不确定和风险更高。

其次，贸易保护主义和贸易战还会增加企业筹资的难度和成本。当一个国家的贸易政策变得不确定时，投资者可能会变得更加谨慎，使得企业筹资的难度增加。此外，贸易战还可能导致汇率波动、资金流动等风险增加，使得企业的筹资成本上升。

贸易保护主义和贸易战不仅会影响企业的经济利益，还会对全球经济产生负面影响。贸易战可能导致全球经济增长放缓、贸易体系受损、资源浪费等问题。因此，各国应该加强合作，推动全球贸易自由化和便利化，促进全球经济稳定和发展。

2．金融市场波动

金融市场的波动对于企业的投资和筹资决策具有重要影响。利率的波动可能会影响企业的债务融资成本，例如当利率上升时，企业的债务融资成本也会随之上升，反之亦然。股票市场的波动可能会影响企业的权益融资成本，例如当股票市场下跌时，企业通过发行股票进行融资的成本可能会增加。此外，金融市场的波动还可能引发企业的财务风险和投资风险。例如，当金融市场出现大幅波动时，企业可能会出现资金流动性问题，导致财务风险增加。同时，金融市场的波动还可能导致企业的投资项目无法实现预期的收益或面临投资亏损的风险。

（二）技术进步和数字化转型

随着科技的不断进步和数字化转型的加速，企业投资和筹资的门槛得到了大幅降低。然而，也带来了新的挑战。

1．竞争加剧

随着数字化转型的快速推进，传统行业和互联网企业之间的竞争日益激烈。这种竞争的加剧，给传统企业的经营发展和投资、筹资带来了前所未有的压力和挑战。

首先，互联网企业的崛起使得传统企业的市场份额受到了严重的威胁。以电子商务为例，越来越多的消费者选择在线上购物，这使得传统零售企业的销售额和市场份额逐年下降。同时，互联网企业凭借其高效的运营模式和数据分析能力，能够更好地满足消费者的需求，进一步压缩了传统企业的生存空间。

其次，数字化转型带来的信息透明化和快速传播，使得传统企业的盈利能力受到了极大的影响。互联网企业通过大数据分析和精准营销等手段，能够更好地掌握消费者需求，提供更有针对性的产品和服务，从而获取更高的利润。而传统企业由于缺乏这些先进的技术手段，往往难以与互联网企业竞争，导致盈利能力下降。

最后，竞争加剧也影响了传统企业的筹资能力和投资策略。由于市场竞争加剧，传统企业的现金流往往更加紧张，这使得它们的筹资能力受到了一定的影响。同时，为了应对市场竞争，传统企业需要不断地进行投资和创新，以保持自身的竞争力。但是，由于现金流压力和投资风险的存在，传统企业的投资策略往往更加谨慎和保守，这在一定程度上限制了它们的发展空间。

2．技术风险

数字化转型需要企业拥有先进的技术和人才，这是实现转型的基础和关键。然而，对于许多传统企业来说，他们在技术和人才方面往往存在一些短板，这会给他们的数字化转型带来一些技术风险。

（1）传统企业在技术方面可能缺乏足够的储备和积累。数字化转型涉及各种先进的技术，如云计算、大数据、人工智能、物联网等，这些技术需要企业进行长期的研发和技术积累，才能够真正掌握和应用。但是，一些传统企业可能没有足够的研发和技术积累，或者是在技术方面缺乏足够的理解和掌握，这可能会导致他们在数字化转型过程中遇到技术障碍和困难。

（2）传统企业在人才方面也可能存在短板。数字化转型不仅需要先进的技术，还需要掌握相关技术的人才。一些传统企业可能缺乏这样的人才和能力，或者是在人才方面缺乏足够的储备和培养，这也会给企业的数字化转型带来困难和挑战。

（3）技术风险还可能给传统企业的投资和筹资带来影响。数字化转型需要大量的投资和资金支持，但是传统企业在技术和人才方面的短板，可能会导致一些投资者因为担心技术风险而选择不投资或降低投资额度，这也会给传统企业的数字化转型带来困难和挑战。

（三）法规和政策变化

法规和政策的变化对于企业投资和筹资的影响是不可忽视的。在不断变化的市场环境中，企业需要密切关注政策法规的动态，以便及时调整自身的投资策略和筹资渠道。

1．政府对某些行业的监管政策可能会发生变化

这些变化可能会对企业的投资策略产生直接的影响。例如，对于一些新兴行业，政府可能会出台新的监管政策，以保护消费者权益和市场秩序。这些政策的出台可能会对企业的投资策略产生限制，使得企业需要重新评估投资风险和收益。

2．税收政策的变化也可能会影响企业的纳税负担和投资回报

政府通过调整税收政策来调节经济和社会发展，同时也为企业提供一定的税收优惠和支持。这些政策的调整可能会影响企业的盈利能力和投资回报。企业需要密切关注税收政策的变化，以便及时调整自身的投资策略和经营计划。

3．法规和政策的变化还可能会对企业的筹资渠道产生影响

企业筹资的渠道有多种，包括银行贷款、发行债券、股权融资等。然而，政策法规的变化可能会对企业的筹资渠道产生限制或影响，使得企业

需要重新寻找合适的筹资渠道或调整自身的资本结构。

法规和政策的变化是企业投资和筹资所面临的重要挑战之一。企业需要密切关注政策法规的动态，及时调整自身的投资策略和筹资渠道，以适应市场的变化和实现持续发展。

（四）社会责任和可持续发展

随着社会的进步和发展，人们越来越关注企业的社会责任和可持续发展。企业在投资和筹资过程中，不仅需要考虑自身的经济利益，还需要考虑对环境、社会和利益相关者的影响。

在投资过程中，企业需要考虑项目的环境和社会影响。例如，对于一个可能对环境造成污染的项目，企业需要考虑采取有效的环保措施，以减少对环境的负面影响。同时，企业还需要考虑项目的社会效益，如是否能够创造就业机会、促进地方经济发展等。这些因素可能会影响企业的投资策略和收益。

在筹资过程中，企业需要考虑资金来源的可持续性和社会责任因素。例如，企业可以通过发行绿色债券或可持续发展债券来筹集资金，这些资金主要用于环保、节能等可持续发展项目。此外，企业还需要考虑与利益相关者之间的关系，如与供应商、客户、员工等的关系。这些因素可能会影响企业的筹资渠道和成本。

第二节　大数据时代的财务筹资决策

一、大数据对企业决策的影响

在大数据环境下，企业决策面临着巨大的变革。这是因为大数据技术为企业提供了前所未有的海量数据和实时信息，使得企业能够更深入地了解市场和消费者需求，更准确地预测市场趋势，从而作出更明智的决策。

（一）大数据环境下的企业决策需要从数据驱动的角度出发

从数据驱动的角度出发进行企业决策，是大数据环境下企业决策的重要特征。传统企业决策往往基于经验和直觉，而大数据技术的出现使得企业能够更加依赖数据和分析结果来决策。这种数据驱动的决策模式，可以帮助企业更好地了解市场趋势、消费者需求以及业务运营中的问题，从而制定更加精准的策略。例如，通过分析用户的消费行为和偏好数据，企业可以预测未来的市场趋势和消费者需求，从而调整产品研发、生产和营销策略，提高市场占有率和盈利能力。

（二）大数据环境下的企业决策需要更注重实时性

大数据环境下的企业决策需要更注重实时性。在快速变化的市场环境中，及时掌握市场信息对于企业决策至关重要。大数据技术可以实时收集、处理和分析海量数据，为企业提供实时的市场信息和业务数据。这种实时性使得企业能够及时掌握市场动态和消费者需求变化，从而作出更加及时的决策。例如，在电商平台上，企业可以通过实时分析用户的浏览、搜索和购买行为数据，及时调整商品展示和促销策略，提高用户购买率和满意程度。

（三）大数据环境下的企业决策还需要更加注重数据安全和隐私保护

在快速变化的市场环境中，及时掌握市场信息对于企业决策至关重要。大数据技术可以实时收集、处理和分析海量数据，为企业提供实时的市场信息和业务数据。这种实时性使得企业能够及时掌握市场动态和消费需求变化，从而做出更加及时的决策。

（四）大数据环境下的企业决策需要更加注重数据质量和准确性

大数据环境下的企业决策需要更加注重数据质量和准确性。只有高质量的数据才能得出准确的结论和洞察。企业需要采取有效的数据质量管理措施，确保数据的准确性和一致性。这包括对数据的清洗、验证、校对等措施，以确保数据的准确性和可靠性。同时，对于错误的数据和不准确的分析结果要及时进行调整和修正，以确保决策的正确性和有效性。例如，如果数据分析结果存在偏差或错误，企业需要及时进行调整和修正，避免因错误的数据和分析结果导致决策失误。

大数据环境下的企业决策变革需要从数据驱动、实时性、数据安全和隐私保护以及数据质量和准确性等方面进行考虑和应对。通过适应大数据环境的变化，企业可以更好地利用数据和分析结果来制定明智的决策，提升竞争力和盈利能力。

二、大数据下的企业筹资决策的新变化

在大数据环境下，企业筹资管理面临着许多新的变化，以下是其中的

几个方面。

（一）筹资方式的多样化

在大数据环境下，企业的筹资方式呈现出了多样化的特点。过去，企业可能只能依赖传统的银行贷款或者发行股票等方式进行筹资，但在大数据技术的支持下，企业现在可以选择的筹资方式更加丰富和灵活。

众筹成了越来越多企业的选择。众筹是一种通过互联网平台筹集资金的方式，企业可以在众筹平台上发布自己的筹资需求，吸引众多的投资者参与。通过众筹，企业可以快速地筹集到所需的资金，同时也可以与投资者建立更紧密的联系，了解他们的需求和反馈。

债券发行也变得更加灵活和多样化。企业可以通过发行债券向公众募集资金，这些债券可以在公开市场上交易。通过债券发行，企业可以获得长期的资金来源，同时也可以优化自身的资本结构。

股权融资也成为一种重要的筹资方式。通过发行股票，企业可以向投资者募集资金，这些资金可以用于企业的扩张、研发、市场营销等各种业务活动。股权融资可以为企业提供稳定的资金来源，同时也可以增加企业的资本规模。

大数据技术还可以帮助企业更好地评估和管理各种筹资渠道和资源。通过对各种数据源的分析和处理，企业可以更加全面地了解各种筹资方式的成本、风险和收益，从而制订更加合理的财务计划和预算。此外，大数据技术还可以帮助企业优化业务流程，提高筹资效率和质量。例如，通过自动化流程和智能化的数据分析工具，企业可以更快地处理筹资申请、审批和监控等流程，提高准确性和工作效率。

（二）筹资效率的提高

在大数据环境下，企业可以更加便捷地获取各种信息，包括市场趋势、政策变化、竞争对手情况等。这些信息可以帮助企业更好地了解市场和行业情况，从而更加精准地制订筹资方案。例如，企业可以通过分析历史数据和市场趋势，预测未来的资金需求和市场变化，从而制订更加合理的筹资计划和预算。此外，大数据技术还可以帮助企业更好地分析和管理各种筹资渠道和资源，提高筹资效率。

大数据技术还可以帮助企业更好地管理风险和提高收益。通过分析历史数据和市场趋势，企业可以预测未来的市场变化和风险因素，从而制定更加合理的风险管理策略和投资方案。此外，大数据技术还可以帮助企业优化资本结构和管理财务成本等。例如，通过分析历史数据和市场趋势，企业可以制定更加合理的股利分配政策和财务杠杆等方案，以降低财务风险和提高收益水平。

（三）风险管理的要求提高

在大数据环境下，企业的风险管理面临着新的挑战和要求。随着市场竞争的加剧和外部环境的变化，企业需要更加全面、及时和准确地了解各种风险因素的变化和影响，以制定更加有效的风险管理策略和方案。

在大数据环境下，企业可以通过数据挖掘和分析技术，获取更多关于客户信用状况的信息。通过对客户信用数据的分析，企业可以更加准确地评估客户的信用等级和风险水平，从而制定更加合理的信用政策和风险控制措施。此外，大数据技术还可以帮助企业实时监测客户的还款行为和欠款情况，及时发现和解决逾期还款等问题。

在大数据环境下，企业可以通过对市场数据和趋势的分析，更加准确地预测市场变化和风险因素，从而制定更加合理的投资策略和风险管理措施。例如，通过分析历史数据和市场趋势，企业可以预测未来的股票价格和汇率等市场因素的变化，从而制定相应的投资策略和风险管理措施。

通过分析历史数据和市场趋势，企业可以预测未来的现金流状况和资金需求，从而制定更加合理的资金管理和调配方案。例如，通过分析历史数据和市场趋势，企业可以预测未来的销售收入和支出情况，从而制定相应的资金调配方案和风险管理措施。

大数据技术还可以帮助企业评估和管理其他风险因素。例如，通过分析历史数据和市场趋势，企业可以评估自身的竞争力和行业地位等风险因素的变化和影响，从而制定更加合理的战略规划和风险管理措施。此外，大数据技术还可以帮助企业优化业务流程和提高风险管理效率等。

（四）数字化转型的趋势明显

企业在筹资过程中，可以通过大数据技术对市场、投资者、竞争对手等各方面的数据进行深入分析，从而更好地制定筹资策略和决策。

在当今数字化时代，企业进行数字化转型已经成为必然趋势。数字化转型不仅可以提高企业的生产效率和市场竞争力，还可以通过数据分析和预测来优化企业的决策过程。对于企业筹资而言，数字化转型意味着需要更加注重数据的采集、分析和利用。在人工智能技术的加持下，智能化决策已经成为企业发展的新趋势。

财务共享中心是一种新型的财务管理模式，它对企业各个部门的财务数据进行集中管理和分析，从而更好地支持企业的决策过程。对于企业筹资而言，财务共享中心可以提供更加全面、准确的数据支持，帮助企业制定更加科学、合理的筹资策略和决策。在大数据技术的影响下，资本市场的发展和投资者保护意识不断提高，通过大数据分析，企业可以更好地了解投资者的需求和偏好，从而制定更加符合投资者需求的筹资策略和决策。

三、大数据时代企业财务决策的优化与风险规避

（一）大数据时代的财务决策的优化

1. 建立完善的数据采集与分析体系

在大数据时代，数据成了企业决策的关键因素。因此，建立完善的数据采集与分析体系是至关重要的。企业需要从各种渠道收集数据，包括市场调研、社交媒体、客户反馈等，并确保数据的全面性和准确性。这意味着企业需要对数据进行清洗、整合和标准化，以便后续的分析和处理。同时，企业还需要使用先进的数据分析工具和方法，以提高数据分析的深度和广度。这些工具和方法可以帮助企业进行数据挖掘、预测和决策支持等。例如，企业可以使用机器学习算法进行预测和决策支持，使用数据可视化工具进行数据展示和分析等。通过使用先进的数据分析工具和方法，企业可以获取更深入的洞察和预测，从而更好地指导决策。

在建立完善的数据采集与分析体系时，企业还需要注意以下几点。

（1）数据采集的实时性。企业需要实时采集市场变化和自身运营状况的数据，以便及时进行分析和处理。

（2）数据存储的安全性。企业需要确保数据存储的安全性和可靠性，防止数据泄露和损坏。

（3）数据分析的准确性。企业需要确保数据分析的准确性和可靠性，避免因数据错误导致决策失误。

（4）数据共享的有效性。企业需要建立有效的数据共享机制，以便各部门之间的数据交流和共享。

建立完善的数据采集与分析体系是企业在大数据时代进行财务决策优化的关键之一。通过确保数据的全面性和准确性、使用先进的数据分析工

具和方法、注意数据采集的实时性、数据存储的安全性、数据分析的准确性以及数据共享的有效性，企业可以更好地应对市场变化和竞争压力，提高运营效率和竞争力。

2．强化数据的实时监控与更新

在大数据时代，市场变化和自身运营状况随时都在发生变化。因此，企业需要实时监控市场变化和自身运营状况。实时监控市场变化和自身运营状况可以帮助企业及时获取市场反馈和自身运营情况，以便快速做出反应和调整。例如，如果企业的销售额突然下降，企业可以通过实时监控销售数据和分析销售趋势，及时发现问题并采取相应的措施进行解决。及时更新数据可以帮助企业获取最新的市场信息和自身运营情况。例如，如果企业发现销售额下降的原因是因为竞争对手推出了更好的产品，那么企业需要及时更新销售策略和产品定位。

为了实现强化数据的实时监控与更新，企业需要做到以下几点。

（1）建立完善的数据监控体系。企业需要建立完善的数据监控体系，以便实时获取市场变化和自身运营状况的数据。

（2）实现数据的实时更新。企业需要确保数据的实时更新，以便获取最新的市场信息和自身运营情况。

（3）建立快速反应机制。企业需要建立快速反应机制，以便对市场变化和自身运营状况作出及时反应和调整。

（4）加强数据安全保护。企业需要加强数据安全保护，确保数据的机密性和完整性。

强化数据的实时监控与更新是企业在大数据时代进行财务决策优化的关键之一。通过建立完善的数据监控体系、实现数据的实时更新、建立快速反应机制以及加强数据安全保护，企业可以更好地应对市场变化和竞争压力，提高运营效率和竞争力。

3．提高财务人员的专业素养

在大数据时代，财务人员的数据分析和处理能力对于企业的财务决策至关重要。首先，财务人员需要具备扎实的数据基础知识和技能，包括数据的收集、整理、清洗和分析等方面的技能。他们需要了解统计学、经济学、会计学等相关学科的基本知识，并能够运用数据分析工具如 Excel、Python、R 等处理和分析数据。通过使用这些工具，财务人员可以挖掘出隐藏在大量数据中的有价值的信息，为企业决策提供有力的支持。

财务人员需要掌握数据可视化技术，如 Tableau、PowerBI 等。这些工具可以将复杂的数据分析结果以直观、易懂的形式呈现给企业决策者，帮助他们更好地理解数据和趋势。通过数据可视化技术，财务人员可以更有效地传达数据分析的结果，提高决策者的理解和认可。

财务人员需要具备对企业财务状况的整体把握能力。他们需要了解企业的财务状况、经营情况、现金流状况等，以便对企业未来的财务状况进行预测和判断。同时，他们还需要深入了解企业的战略目标和业务模式，以便更好地理解企业的财务数据和业务之间的关系。通过了解企业的整体财务状况和业务情况，财务人员可以更好地为企业决策提供支持和建议。

财务人员需要具备沟通和协调能力。在大数据时代，企业需要与各个部门之间进行密切的沟通和协调，以便获取更准确、及时和全面的数据信息。财务人员需要与市场部门、生产部门、人力资源部门等企业内部部门进行沟通和协调。同时，他们还需要与投资者、分析师、审计师等外部利益相关者进行沟通和协调。通过有效的沟通和协调，财务人员可以更好地为企业决策提供支持和建议。

为了提高财务人员的专业素养，企业可以采取以下措施。

（1）加强培训和学习。企业可以定期为财务人员提供相关的培训和学习机会，包括数据分析、数据可视化、财务管理等方面的知识和技能。通过不断学习和更新知识，财务人员可以更好地适应大数据时代的需求和企业发展的要求。

（2）建立激励机制。企业可以建立激励机制，鼓励财务人员积极参与培训和学习，提供职业发展计划、晋升机会等。这样可以激发财务人员的学习积极性和主动性，提高他们的专业素养和能力。

（3）加强团队合作。企业可以加强团队合作，让财务人员之间进行更多的交流和合作，以便互相学习和分享经验。通过团队合作，财务人员可以共同解决问题、分享经验和学习新的技能，从而提高整个团队的专业素养和能力。

（4）建立有效的知识管理系统。企业可以建立有效的知识管理系统，以便财务人员能够方便地获取和共享知识。通过知识管理系统，财务人员可以快速查找和获取所需的知识和信息，从而提高工作效率和质量。

提高财务人员的专业素养是企业在大数据时代进行财务决策优化的关键之一。通过加强培训和学习、建立激励机制、加强团队合作以及建立有效的知识管理系统，企业可以提高财务人员的专业素养和综合能力，更好地应对市场变化和竞争压力，提高运营效率和竞争力。

4. 创新财务决策方法与工具

在大数据时代，传统的财务决策方法与工具往往难以应对复杂多变的市场环境和数据。因此，企业需要不断创新财务决策方法与工具，以适应新的环境。

企业可以采用人工智能技术进行预测和决策支持。人工智能技术可以处理大量数据，并通过机器学习算法对数据进行深入分析和挖掘。通过人工智能技术，企业可以预测市场需求、销售额、成本等关键指标，从而更好地指导财务决策。此外，人工智能技术还可以通过自然语言处理和图像识别等技术，从大量的非结构化数据中提取有价值的信息，为企业的决策提供更全面的支持。

企业可以采用数据挖掘技术进行财务决策支持。数据挖掘技术可以对大量的数据进行深入分析和挖掘，发现隐藏在数据中的有价值的信息。通过数据挖掘技术，企业可以发现市场趋势、客户行为、销售模式等关键信息，从而更好地指导财务决策。此外，数据挖掘技术还可以帮助企业识别潜在的商业机会和风险，为企业的决策提供更准确的支持。

企业可以采用数据可视化技术进行财务决策支持。数据可视化技术可以将复杂的数据以直观、易懂的形式呈现出来，帮助企业更好地理解数据的含义，并帮助企业识别市场变化和趋势，为企业决策提供更及时的支持。

为了创新财务决策方法与工具，企业可以采取以下措施。

（1）引入先进的技术和工具。企业可以引入先进的人工智能技术、数据挖掘技术、数据可视化技术等，以创新财务决策方法与工具。

（2）培养和引进专业人才。企业需要具备专业的技术人才和数据分析团队，以便更好地应用先进的技术和工具。企业可以通过内部培养和引进外部人才的方式，提高团队的技术水平和综合能力。

（3）拓展合作与交流。企业可以与高校、研究机构等合作，共同研究和开发创新的财务决策方法与工具。通过合作与创新，企业可以获取更多的技术和知识支持，从而更好地应对市场变化和竞争压力。

（4）构建创新文化氛围。企业需要建立创新文化，鼓励员工积极提出新的想法和建议，以推动财务决策方法与工具的创新。

创新财务决策方法与工具是企业在大数据时代进行财务决策优化的关键之一。通过引入先进的技术和工具、培养和引进专业人才、合作与创新以及建立创新文化，企业可以不断创新财务决策方法与工具，更好地应对市场变化和竞争压力，提高运营效率和竞争力。

（二）大数据背景下的企业财务风险规避

1. 提升信息处理效率，提高风险识别的有效性

大数据技术对于提升信息处理效率有着显著的效果。在企业的财务管理过程中，往往需要处理大量的数据，包括历史数据、实时数据以及未来预测数据等。这些数据不仅数量庞大，而且种类繁多，格式各异。传统的数据处理方法往往无法有效地利用这些数据，难以从中提取出有价值的信息。而大数据技术则可以有效地解决这一问题。

大数据技术可以快速处理大量的历史数据。通过对历史数据的分析，企业可以了解自身过去的财务状况，以及筹资活动的效果。通过这些数据，企业可以发现自身在筹资过程中存在的问题和风险，从而及时采取相应的措施进行改进和规避。

大数据技术还可以处理实时的财务数据。在企业的筹资过程中，实时的财务数据对于企业来说具有重要的意义。通过对这些数据的分析，企业可以实时了解自身的财务状况，以及市场环境的变化。这样可以帮助企业及时发现潜在的筹资风险，并采取相应的措施进行规避。

大数据技术还可以处理未来预测数据。通过对市场环境、行业趋势等因素的分析，结合企业的历史数据和实时数据，大数据技术可以帮助企业预测未来的财务状况和市场趋势。通过这些预测数据，企业可以制订更加科学、合理的筹资计划，降低潜在风险对企业的影响。

2. 优化风险管理模型，强化风险规避的科学性

大数据技术可以结合机器学习、人工智能等先进技术，优化风险管理模型。通过机器学习和人工智能等技术，大数据可以对大量的财务数据进行深度学习和模式识别，发现其中的规律和趋势。机器学习和人工智能等技术可以通过对历史财务数据的分析，学习过去的模式和规律，从而对未来的财务状况进行预测。通过对企业筹资活动的历史数据进行分析，可以了解筹资活动在不同市场环境下的表现和效果，从而建立更加科学、合理的风险管理模型。

通过优化风险管理模型，企业可以更加准确地预测筹资风险，并制订更加科学、合理的筹资计划。在制订筹资计划时，企业需要考虑多种因素，

包括自身的财务状况、市场环境、行业趋势等。大数据技术可以帮助企业综合考虑这些因素。

大数据技术还可以帮助企业实时监测市场环境的变化，及时调整筹资计划。在市场环境发生变化时，大数据技术可以及时捕捉到这些变化，并为企业提供相应的应对策略和建议。

3．强化数据安全保障，加强财务数据的安全性

大数据技术在加强数据安全保障方面具有重要的作用。在企业的财务管理过程中，涉及大量的敏感信息和商业机密，包括企业的财务数据、客户信息、商业策略等。这些信息一旦泄露或被篡改，将对企业的经营和发展造成严重的影响。因此，保护这些数据的安全性和完整性是企业在财务管理中面临的重要问题。

大数据技术可以通过多种方式加强数据安全保障。首先，大数据技术可以采用数据加密技术，对敏感信息和商业机密进行加密处理。这样即使数据被窃取或泄露，也无法被未经授权的第三方轻易解密和使用。其次，大数据技术可以采用访问控制机制，对数据的访问和使用进行严格的控制和监管。只有经过授权的人员才能访问和使用相关的数据，防止未经授权的人员获取敏感信息和商业机密。最后，大数据技术可以采用身份验证技术，对访问和使用数据的身份进行验证和确认，防止身份冒用和数据篡改等风险。

在筹资过程中，企业需要处理大量的财务数据和敏感信息，包括企业的财务报表、资产状况、经营情况等。这些信息对于企业的筹资活动具有重要的意义，同时也需要严格保护。大数据技术可以通过上述措施，加强数据安全保障，保护这些信息不被泄露或被篡改。这样可以帮助企业降低因信息泄露导致的风险，提高筹资活动的安全性和成功率。

4．有效促进业财融合，提高风险管理的全局性

大数据技术可以促进业务数据和财务数据的整合和分析，帮助企业实现业财融合。这是因为，在大数据技术的支持下，企业可以将不同部门和不同业务领域的数据进行整合和分析，以便更好地了解自身的业务状况和财务状况。

通过大数据技术，企业可以将业务数据和财务数据进行整合和分析，从而了解企业的经营状况、市场地位、竞争情况等因素。这种整合和分析可以帮助企业更加准确地评估自身的筹资能力和风险承受能力，并制订更加科学、合理的筹资计划。同时，大数据技术还可以帮助企业及时掌握市场变化和行业趋势。在市场环境发生变化时，大数据技术可以及时捕捉到这些变化，并为企业提供相应的应对策略和建议。这样可以帮助企业及时调整筹资计划，适应市场变化和行业趋势，降低潜在风险对企业的影响。此外，大数据技术还可以帮助企业实现业务和财务的一体化和协同化。通过将业务数据和财务数据进行整合和分析，企业可以更好地了解自身的业务状况和财务状况，从而更好地协调和管理各项业务活动。这种一体化和协同化可以提高企业的运营效率和管理水平，降低潜在风险对企业财务和经营的影响。

大数据技术在财务筹资风险规避中具有重要的应用价值。通过促进业务数据和财务数据的整合和分析，帮助企业更加全面地了解自身的经营状况和市场环境，并及时掌握市场变化和行业趋势。这样可以提高企业的决策效率和风险管理能力，降低潜在风险对企业发展的影响，实现持续、健康的发展。

第三节 大数据时代的企业投资决策

一、企业的投资作用分析

（一）提高闲置资金利用率

闲置资金是指企业在经营过程中未被充分利用的资产或资金。这些资金或资产在企业中处于闲置状态，没有得到有效的利用或增值。提高闲置资金利用率是企业财务管理的重要任务之一。可以通过合理的投资和运作，使闲置的资金或资产产生更多的额外价值，从而增加企业的收益和价值。

在企业的经营过程中，随着市场环境的变化和经营状况的起伏，企业可能会出现资金短缺或盈余的情况。当企业出现资金短缺时，需要找到有效的融资渠道和方式来补充资金，以维持企业的正常运营和发展。例如，企业可以通过银行贷款、发行债券等方式进行融资。这些融资方式可以帮助企业获取资金，支持企业的业务发展，提高企业的竞争力。而当企业出现资金盈余时，则需要考虑如何有效地利用这些资金，以实现资金的增值和企业的收益增加。

对于闲置的资金或资产，企业需要积极寻找有效的投资和运作方式，以提高其利用率和收益。例如，企业可以将闲置的资金用于股票、债券等投资，以获取更高的收益。在进行股票投资时，企业可以选择投资具有稳定收益和增长潜力的蓝筹股或成长股，以获得长期资本增值。同时，企业还可以关注市场上的热点板块和主题投资机会，进行灵活的投资配置。

另外，企业还可以将闲置的机器设备出租或出售，以获得租金或销售收入。例如，企业可以将一些不常用的设备或闲置的厂房进行出租或出售，以获得额外的收益。这些收益可以用于补充企业的经营成本，提高企业的盈利能力。

（二）分散投资风险

企业进行投资的目标是为了获得经济利益，但在实际的经营过程中，由于市场环境和经营状况的不断变化，投资项目可能会产生意料之外的风险，甚至无法达到预期的收益。这种投资的不确定性就是我们通常所说的投资风险。为了降低投资风险，企业通常会选择多元化投资策略，即将资金投向不同的领域或项目，确保总体投资的盈利性。

多元化投资是一种高效的风险管理策略。这种策略的核心思想是将资金分配到不同的领域或项目中，从而降低单一投资所面临的风险。这种投资策略的基础是市场经济中的一个基本原理，即风险的分散。当企业将资金分散到不同的项目时，如果某个项目遇到风险或利润下降，其他项目获得利润增长，能够维持或提升投资的总体盈利性。

多元化投资策略的实施过程中，企业需要关注以下几个方面：首先，需要对每个投资项目进行深入的研究和分析。包括对项目的市场前景、竞争状况、技术可行性、财务指标等进行全面的评估。通过深入的研究和分析，企业可以更准确地预测项目的风险和收益潜力。其次，企业需要合理分配资金，确保每个项目的投资比例适当。同时，还需要根据自身的风险承受能力和收益期望，制定合理的投资策略，以实现资金的优化配置和收益的最大化。最后，企业需要建立完善的风险评估和管理机制。及时识别和评估潜在的风险因素。同时，还需要制定相应的风险应对措施和预案，以降低风险对企业的影响。

除了以上提到的问题，还有一些其他的关键因素值得企业关注。首先，市场环境的变化对多元化投资策略的实施具有重要影响。企业需要密切关注市场动态，及时调整投资策略以适应市场变化。其次，企业的风险管理能力对多元化投资策略的实施效果也有重要影响。企业需要不断提升自身的风险管理水平，通过科学的方法和手段对风险进行有效的识别、评估和管理。此外，企业还需要建立完善的信息收集和分析系统，以便及时获取各投资项目的相关信息，为决策提供准确依据。

（三）提高企业偿债能力

在企业的运营过程中，债务筹集是一种常见的策略。适度的债务规模可以为企业提供资金支持，推动企业的发展。然而，企业必须保持其偿债能力，否则债务可能成为企业前进道路上的定时炸弹。强大的偿债能力不仅是企业财务状况良好的标志，也体现了企业抵御风险的能力。

企业的偿债能力与其资本结构和资产结构紧密相关。在企业资产中，固定资产等长期资产的流动性最弱，而流动资产则具有较高的流动性。现金、有价证券等流动资产又比存货具有更强的流动性。因此，增加有价证券投资是企业保持资产流动性的重要方式。通过投资有价证券，企业可以随时获取大量资金，大大提高其偿债能力。

为了提高企业的偿债能力，需要从资本结构和资产结构两个方面入手。首先，企业需要优化其资本结构，合理配置权益资本和债务资本的比例，以保持适度的债务规模。其次，企业应调整其资产结构，增加流动性强的资产比重，如现金、有价证券等。这样可以提高企业的偿债能力，降低财务风险。

除了调整资本结构和资产结构外，企业还可以采取其他措施来提高偿债能力。例如，提高企业的盈利能力是增强偿债能力的重要途径。通过提高企业的盈利能力，企业可以获得更多的利润，从而增加偿债资金来源。此外，企业可以加强财务管理，建立健全财务制度，规范财务管理流程，提高财务信息的透明度和准确性。

（四）建立良好的合作关系

在市场经济的大背景下，竞争是每个企业都必须面对的现实。为了在激烈的市场竞争中立足，企业需要与那些与其生产经营活动密切相关的厂商建立稳固的业务关系。这种合作关系不仅有助于保障企业的供销渠道畅通，还可以为企业创造稳定的获利资源。为了加强这种合作关系，企业通常会选择直接投资或购买相关厂商的股票。这种策略可以进一步巩固双方的经营伙伴关系，形成一种共赢的局面。对于那些对企业的生存和发展具有特别重要意义的原材料或零配件供应商，企业甚至可能需要对其进行必要的控股，以确保自身利益的稳定。这种策略的实施不仅可以增强企业的竞争力，还可以为其在市场中的发展提供坚实的保障。通过与关键供应商建立紧密的合作关系，企业可以更好地应对市场中的各种挑战，实现持续稳定的发展。

二、大数据对企业投资决策的影响

（一）优化企业投资决策流程

在大数据背景下，企业投资决策流程得到改进和优化，相比以往的投资决策流程，更具科学性和合理性。首先，企业要在内部建立专门的数据采集和分析平台，综合地采集分析处理开展投资决策活动涉及的所有数据信息，提取其中有价值的内容。其次，借助先进的大数据以及云计算技术，形成数据信息分析平台，对企业采集和整合的数据信息展开实时分析，并反馈数据分析结果。再次，利用大数据技术具备的信息数据挖掘功能，分析投资数据信息与投资决策结果间的关联性。最后，根据大数据分析结果，精准地评估和预测企业不同投资方案所能获取的收益，同时要判断投资方案获得的收益以及风险隐患，选取较大收益概率的项目投资。用大数据采集、分析和处理数据信息，具有较高的准确性和及时性，大大提高了企业投资决策的正确性。

（二）提高企业投资决策效率

相比以往的投资决策数据分析，引入大数据技术手段，能够使企业投资决策者在短时间内了解投资结果的影响因素，并从多个角度展开系统化分析，如对投资结果产生影响的市场环境、盈利能力、未来预期、经济周期以及心理因素等，根据数据分析模型反馈的结果，作出科学的投资决策。

大数据信息处理器和储存器能够分析数据总体而非样本，以往采取的样本分析手段，由于样本数量相对较少，必然会导致分析结果的准确性不高，然而通过整体数据分析，即便其中包含少量不精准的数据，也不会对数据分析结果产生较大影响，企业不必耗费大量的成本清除其中不确定的数据，不仅节约了成本支出，同时也提高了数据分析效率，为企业作出科学的投资决策奠定了坚实基础。

（三）控制企业投资决策风险

在企业投资决策中应用大数据，为其控制投资风险提供了良好的技术支撑。在该过程中，企业可以借助数字模型实现对不同类型投资风险的组合性分析，这样企业就能在有限的时间内，精准识别不同投资决策可能带来的风险隐患，并对风险展开量化分析，判断风险的可控性，进而实现投资风险的规避和控制。

除此之外，根据企业运用大数据技术分析的投资风险反馈结果，自主构建风险预警指标和临界指标，能够在投资风险发生前，对投资决策者做出有效预警，及时有效应对风险。

三、大数据背景下优化企业投资决策的对策

在大数据背景下，企业投资决策的优化需要从多个方面入手。

（一）充分利用大数据技术

在大数据时代，企业可以利用先进的大数据技术，从海量数据中挖掘出更多的投资机会，发现潜在风险，并整合内外部信息，作出更加全面、准确、明智的投资决策。

1. 数据挖掘与信息整合

通过大数据技术，企业可以收集并处理大量来自市场、竞争对手、行业协会、金融机构等各种渠道的数据。利用数据挖掘算法和机器学习技术，企业可以深入分析历史数据和市场趋势，发现隐藏在数据中的潜在信息和规律。例如，通过分析股票市场的历史数据和实时数据，企业可以发现具有投资潜力的股票或行业，并制定相应的投资策略。

2. 数据驱动决策

大数据不仅提供了丰富的数据来源和先进的数据分析工具，还为决策者提供了实时、准确的数据支持。通过数据分析和可视化工具，企业可以更好地理解市场动态、评估投资风险、预测未来趋势，作出更加科学、合理的投资决策。例如，在评估一个投资项目时，企业可以利用大数据分析该项目的市场前景、竞争格局、技术可行性等方面。评估项目的盈利能力和风险水平。

（二）培养数据驱动的投资文化

1. 提高数据素养

数据素养是一种对数据进行有效收集、整理、分析、解读和呈现的能

力。在大数据背景下，企业需要培养员工具备较高的数据素养，以便更好地利用数据进行投资决策。

企业可以通过定期开展数据培训、研讨会和分享会等，提高员工对数据的认识和理解。培训内容可以包括数据收集、整理、分析、解读和呈现等方面的基础知识和技能，以及针对具体业务场景的数据分析方法和工具。企业可以建立数据团队或数据分析部门，为其他部门提供数据支持和咨询服务。数据团队或部门可以与业务部门密切合作，了解业务需求和问题，并提供相应的数据解决方案。企业可以鼓励员工参与数据分析和决策过程，以提高整体的数据意识和参与度。通过参与实际项目和应用案例，员工可以更好地理解和应用数据，并逐步提高自己的数据素养。

2. 建立数据驱动的投资文化

数据驱动的投资文化是一种以数据为决策依据的投资方式。在大数据背景下，企业需要建立数据驱动的投资文化，以培养员工的数据意识和投资风险意识，提高投资决策的科学性和准确性。

企业需要明确数据在投资决策中的重要性和地位。高层领导应该重视数据的价值，并倡导使用数据进行投资决策。同时，企业需要建立相应的数据管理制度和流程，确保数据的准确性和可靠性。企业可以鼓励员工使用数据进行投资决策的实践。通过开展模拟投资、实践训练等活动，为员工提供实际操作的机会，培养员工的数据意识和实践能力。企业需要建立相应的激励机制和奖励机制，鼓励员工积极参与数据分析和投资决策过程。对于那些能够提供有价值数据并做出科学决策的员工，给予相应的奖励和表彰，以激励更多的员工参与数据驱动的投资文化。

（三）完善投资决策流程

1. 制定明确的投资战略

企业应明确自身的投资目标和战略，包括确定投资的方向、投资的重点领域、投资的规模和投资的时间计划等。在制定投资战略时，企业应充分考虑自身的资源、能力和市场环境等因素，以确保投资决策与实际情况相符合。

企业需要根据自身的资源和能力进行自我评估，明确自身的优势和劣势，以及在行业中的竞争地位。这可以帮助企业确定哪些领域是具有投资潜力的领域，以及自身在投资中的优势和劣势。企业需要对市场环境进行深入的分析和研究，了解市场需求、竞争格局、行业趋势等因素，以确定投资的机会和风险。企业需要根据自身的投资目标和市场环境，制定相应的投资计划，包括投资的领域、规模、时间、方式等，以确保投资决策与实际情况相符合。

2. 强化风险评估

在投资决策过程中，企业应加强对投资风险的评估。这包括识别潜在的投资风险、衡量风险的大小、评估风险对企业的影响等。通过建立完善的风险评估体系，企业可以更好地识别和衡量潜在的投资风险，并采取相应的措施进行风险控制和管理。

企业需要对投资项目进行全面的风险识别和分析，明确潜在的投资风险及其对企业的影响。这包括市场风险、技术风险、财务风险、政策风险等。企业需要对投资项目进行风险衡量和评估，确定风险的大小和对企业的影响程度。这需要采用定性和定量相结合的方法，对风险进行量化和评估。企业需要根据风险评估结果，制订相应的风险管理措施和控制措施，以降低投资风险对企业的影响。这包括制订风险管理计划、采取避险措施、进行风险监控等。

3. 优化决策审批流程

企业应优化投资决策的审批流程，确保投资决策符合规范和标准。在审批过程中，企业应充分考虑各方面的意见和建议，并注重团队合作和沟通协调，以提高决策质量和效率。

企业需要建立完善的决策审批流程和制度，明确各级审批人员的职责和权限，以确保决策审批的规范化和标准化。企业需要在审批过程中充分考虑各方面的意见和建议，包括内部相关部门和外部专家顾问的意见和建议。这可以帮助企业更全面地了解投资项目的优缺点和风险，提高决策的科学性和准确性。

4. 加强内部控制与风险管理

在企业的经营管理中，内部控制与风险管理是至关重要的环节。为了确保企业的健康发展，企业需要建立健全内部控制体系，确保所有投资决策的制定和执行都符合规范和标准。通过加强内部控制，企业可以降低投资风险，提高投资效益，为企业的长期发展奠定坚实的基础。

（1）企业需要明确内部控制的重要性，并建立完善的内部控制体系。这个体系应该覆盖企业的所有部门和业务领域，确保每个环节都得到有效的管理和监督。同时，企业还需要制定相应的规章制度和操作规程，明确内部控制的标准和程序，使员工清楚地知道自己的职责和操作规范。

（2）企业应加强对投资风险的管理。建立健全风险管理机制可以帮助企业更好地应对市场变化和不确定性因素，确保投资决策的科学性和稳健性。这个机制应该包括风险识别、评估、控制和监控等环节，使企业在投资决策过程中能够及时发现并应对潜在的风险。

（3）企业还应建立内部审计和监督机制，对投资决策的执行进行监督和评估。通过内部审计和监督，企业可以及时发现投资决策中存在的问题和风险，并采取相应的措施进行改进和优化。同时，监督机制还可以防止企业内部腐败和不正当行为的发生，提高企业的整体形象和社会责任感。

第四章　大数据与全面预算管理

第一节　预算与预算管理

一、预算的内涵

“预算”一词起源于法语 bougette（公文包），预算最初是政府部门用于管理财政收支的重要手段（财政预算）。伴随着市场经济的发展，这种计划手段逐渐被企业借鉴，发展成为企业内部规划和配置资源的重要管理方法。通常由企业财务部门或会计部门发起和组织预算的制订以及预算执行结果的决算、考评，从而使得预算成为企业的一个重要管理会计方法。

预算，作为一种管理工具，其基本含义是通过对未来一段时间内的收入和支出进行预测和规划，以实现特定的目标。预算的制订过程通常包括确定预算期间、明确预算目标、收集和分析相关数据、编制预算草案、审查和批准预算等步骤。

在国家层面，预算是国家财政收支计划的重要组成部分，它规定了国家财政收入的来源和数量、财政支出的各项用途和数量。通过预算，政府可以对国家的经济活动进行宏观调控，确保国家财政的稳定运行。同时，预算也是政府履行其职能、提供公共服务的重要手段。例如，政府可以通过预算来规划公共设施的建设和维护，提供教育、医疗等公共服务，以及实施各种社会政策。

在企业层面，预算是企业管理的重要工具，用于对企业资源进行分配，对经营结果进行考核，以及对计划进行控制和追踪。通过预算，企业可以对未来的经营情况进行预测，制订相应的计划，以实现企业的经营目标。此外，预算还可以帮助企业进行成本控制，提高经营效率。例如，企业可以通过预算来规划生产和销售活动，控制成本和费用，以及评估投资决策的效果。

无论是在国家层面还是在企业层面，预算都是一种通过科学的方法对未来一段时间内的投资、生产经营及财务成果等一系列的计划和规划。通过预算，我们可以更好地理解和控制未来的经济活动。

二、预算管理

预算管理是一种重要的管理工具，它通过预算的形式将市场和公司内部经营过程、管理控制衔接起来，以实现企业的战略目标。预算管理具有计划、控制和评价职能，其目的在于控制运营过程和结果，使之符合预算的要求。

在企业管理中，预算管理的应用主要体现在两个方面：一是事前支持经营计划，即开展预算编制；二是通过预算的执行开展考核评价，这在管理会计上被称为“决算”。预算管理的全过程包括预算编制、预算执行、预算调整和决算评价等环节，形成了企业的预算管理体系。这个体系在事前具有计划的作用，可以帮助企业明确目标和任务；在事中和事后具有控制的作用，可以通过对预算执行情况的监控和分析，及时发现问题并采取相应的措施进行调整。

因此，企业的预算管理体系是从预算编制到决算考评的一系列管理会计方法的综合运用，是一种以资源优化配置为目标的管理实践。在实际操作中，预算管理可以根据企业的实际情况和需要，采取不同的形式和方法。例如，当预算管理与企业短期经营计划相结合时，形成的是日常预算管理。这种预算管理主要关注的是企业的日常经营活动，通过对各项业务活动的预算编制和执行，帮助企业实现短期的经营目标。当预算管理与企业战略规划相结合时，形成的是战略预算管理。这种预算管理主要关注的是企业的长期发展。通过对企业未来一段时间内的投资、生产和销售等活动的预测和规划，帮助企业实现长期的战略目标。

三、预算管理与企业管理手段

预算管理是企业管理的重要手段之一，它通过对未来一段时间内的收入和支出进行预测和规划，以实现企业的经营目标。预算管理与企业管理的其他手段如战略管理、人力资源管理、财务管理等密切相关，它们共同构成了企业的管理体系。

（一）预算管理与战略管理

战略管理是确定企业长期发展方向和目标的过程，而预算管理则是将战略目标具体化，通过预算的形式对企业的各项活动进行计划和控制。预算管理可以帮助企业将战略目标分解为具体的业务目标，并通过对预算执行情况的监控和分析，及时调整战略，以确保企业的长期发展。

（二）预算管理与人力资源管理

人力资源是企业最重要的资源之一。预算管理可以通过对人力资源成本的预测和控制，帮助企业合理配置人力资源，提高员工的工作效率和满意度。同时，预算管理还可以通过对员工绩效的考核和评价，激励员工提高工作效率，实现企业的经营目标。

（三）预算管理与财务管理

财务管理是企业管理的重要组成部分，它涉及企业的资金筹集、投资决策、成本控制等多个方面。预算管理与财务管理密切相关。预算是财务计划的基础，通过预算管理，企业可以对财务状况进行预测和控制，有效防范财务风险。

总的来说，预算管理是企业管理的重要手段，它与企业的其他管理手段相互影响、相互制约。通过有效的预算管理，企业可以更好地实现其战略目标，提高经营效率和效果。

第二节　全面预算管理

全面预算管理是一种整合性管理系统，在企业财务管理中具有全面控制作用。它试图更深入、全面地覆盖企业的运营管理流程，将流程中每项关键环节的资源需求、资源耗费以及资源的供应都尽量科学合理地预计、估算到位，并随着预算的执行开展必要的监督，从而令预算管理体系能够充分地融入企业的经营管理实践，通过有效贯彻预算，促进企业实现其经营目标乃至战略目标。

一、全面预算管理的内涵

全面预算管理是企业战略落地实施的重要工具，它将企业的战略进行解码，层层分解责任目标，下达给各部门和责任中心。通过目标计划、执行控制、考核评价等内容建立的一套系统的、完整的、科学的内部控制机制和管理思想，以全面预算为核心的一种现代企业管理模式。具体来说，全面预算管理涵盖经营预算、投资预算、财务预算等多个方面。

它利用预算对企业内部各部门、各单位的各种财务及非财务资源进行分配、考核、控制，以便有效地组织和协调企业的生产经营活动，完成既定的经营目标。

在经营预算方面，全面预算管理可以帮助企业预测市场需求和销售情况，制订合理的生产计划和采购计划，确保产品供应充足且符合市场需求。通过分析市场趋势、竞争对手的动态以及消费者的需求变化，企业可以更准确地预测销售量和销售额，并根据这些数据来调整生产量和库存水平。同时，全面预算管理还可以帮助企业评估不同产品的盈利潜力，从而优化产品组合，提高整体盈利能力。

在投资预算方面，全面预算管理可以帮助企业评估投资项目的风险和回报，制订合理的投资计划和资金使用方案。通过对投资项目的预算编制和执行监控，企业可以更好地控制投资风险，提高投资回报率。通过全面预算管理，企业可以对不同投资项目进行综合评估，包括项目的预期收益、投资周期、资金来源等因素，从而选择最合适的投资项目。同时，全面预算管理还可以帮助企业合理安排资金的使用，避免资金短缺或闲置的情况发生。

在财务预算方面，全面预算管理可以帮助企业制定合理的财务目标和资金计划，确保企业的财务状况稳定和可持续发展。通过对收入、支出、利润等财务指标的预算编制和执行监控，企业可以及时发现问题并采取相应的措施进行调整。例如，当企业的收入低于预期时，可以通过削减不必要的开支或增加销售渠道来提高收入；当成本高于预期时，可以通过优化生产过程或寻找替代供应商来降低成本。通过全面预算管理，企业可以及时掌握财务状况的变化，作出相应的决策以保持财务稳定和健康发展。

在成本预算方面，通过对各项成本进行详细的分析和比较，企业可以找到降低成本的方法和途径。例如，通过优化供应链管理、降低原材料采购成本、提高生产效率等方式，企业可以降低生产成本并提高利润率。同时，全面预算管理还可以帮助企业合理分配资源，避免资源的浪费和重复使用，提高资源利用效率。

此外，全面预算也是一种量化的计划，用以规划、安排预算期内有关资源的获得、配置和使用。在形式上，它是以数量或货币计量单位涵盖企业经营活动、投资活动和财务活动的一张张具体而详尽的计划表；在内容上，包括供、产、销各个环节，人、财、物各个方面的统筹安排；本质上，它是实现战略规划和经营目标，对预算期内经营活动、投资活动、财务活动进行管理控制的方法和工具。

全面预算管理的主要目标是为企业提供保障，通过合理分配企业的人、财、物等资源协助企业实现既定目标，并与相应的绩效管理配合以监控战略的实施效果。通过全面预算管理，企业可以更好地掌握市场动态和竞争环境的变化，及时调整经营策略，提高企业的竞争力和盈利能力。

二、全面预算管理促进企业财务全面提升

（一）预算管理对象的全方位覆盖

预算管理的全方位覆盖是指将企业的各项运营和管理活动都纳入预算管理的范围，包括人力资源、财务资源、物资资源等各类资源，以及供应链、生产链、销售链等各个环节。

预算管理需要全面考虑企业的人力资源。这包括对员工数量、组织结构、岗位职责等方面的规划和控制。通过预算管理，可以合理安排员工的工作任务和工作时间，提高员工的工作效率和绩效，从而降低人力成本并提高企业的竞争力。

预算管理需要全面考虑企业的财务资源。这包括对企业的财务状况、资金流动情况、成本费用等方面的预测和控制。通过预算管理，可以合理安排资金的使用和调配，确保企业的资金充足并合理利用，避免出现资金短缺或浪费的情况。

预算管理需要全面考虑企业的物资资源。这包括对企业的原材料采购、库存管理、生产设备等方面的规划和控制。通过预算管理，可以合理安排物资的采购和使用，避免出现物资过剩或不足的情况，提高物资的利用率和效益。

预算管理需要全面考虑企业的供应链、生产链和销售链等各个环节。这包括对供应商的选择和管理、生产过程的控制和优化、销售渠道的拓宽和营销策略的制定等方面的规划和控制。通过预算管理，可以协调各个环节之间的配合和协作，提高整个供应链的效率和质量，实现企业的长期发展目标。

预算管理的全方位覆盖是确保企业各项运营和管理活动都能够得到有效管理和控制的重要手段。通过全面考虑人力资源、财务资源、物资资源以及供应链、生产链、销售链等各个环节，可以提高企业的管理水平和竞争力，实现可持续发展。

（二）预算管理对其他管理手段的全面运用

全面预算管理是一种集成了企业计划、协调、控制、激励和评价等综合管理功能的系统化管理方法和工具。它通过合理分配、考核和控制企业内部的人力、物力、财力等资源，有效地组织和协调企业的生产经营活动，实现既定的经营和战略目标。

全面预算管理能够细化企业发展规划和年度经营目标，将整体经营活动量化为一系列的计划安排，有利于实现以上目标的监控执行。同时，全面预算的编制有助于企业各层级之间，是部门与部门之间的相互交流与沟通，增进相互之间的了解，加深部门及员工对经营目标的理解和认同。

全面预算管理是实施绩效管理的基础，成为对部门及员工绩效考核的主要依据。通过将预算与绩效管理相结合，使部门和员工的考核真正做到有章可循，有法可依。此外，全面预算管理可以合理分配资源，强化内部控制，发现管理中的漏洞和不足，降低日常经营风险。特别是，通过全面预算可以加强对费用支出的控制，有效地降低公司的营运成本。

全面预算管理通过整合业务、资金、信息、人才等方面的资源，明确适度的分权授权，驱动以战略为导向的业绩评价，从而实现企业的资源合理配置并真实地反映出企业的实际需要。这能够对企业在作业协同、战略贯彻与价值增长等方面的最终决策提供有力的支持。

（三）预算管理主体的全员参与

全面预算管理的核心是全员参与。要求企业的所有部门、单位以及岗位和人员等都参与预算的编制与实施过程。具体来说，这意味着预算目标需要层层分解，从企业层面一直落实到每一个部门，甚至每一个员工，形成“责任到人”的局面。

全员参与预算管理的好处是多方面的。首先，它通过激发组织内人员对目标的深入理解和内在动力帮助实现企业目标；其次，可以增强部门和员工的参与度，提高他们对预算目标的认同感，使预算管理深入人心。同时，全员参与也有助于促进个人的发展，提升员工的主动性和创造力，进而提高员工的满意度。此外，全员参与还可以增强整个组织的协同效应，推动组织对共同目标的追求。

在实践操作中，全面预算管理通常包括经营预算、资本预算和财务预算三个组成部分，利用预算对企业内部各部门、各单位的各种财务及非财务资源进行规划、分配、控制和考核评价，以便更有效地组织和协调企业的生产经营活动，完成既定的经营目标。各地区、各部门需要充分理解深化预算管理制度改革的重要意义，主动谋划，精心组织，扎实推进改革。

全面预算是促进企业实现其发展战略和年度经营目标的有效管理方法，也是实现业务与财务融合的一个管理抓手。它不仅是出资者与经理人之间的游戏规则，还体现出经营者与其下属员工之间的权力、责任安排。预算使各责任单位的权力得以用表格化的形式体现，这种分权以不失去控制为最低限度。

三、实现全面财务管理的基本手段

为了实现全面预算管理，可以通过以下几个途径。

（一）建立预算组织

建立预算组织是实施全面预算管理的重要步骤。在建立预算组织时，需要确立一个以总体预算目标为导向的管理模式。这意味着预算的目标和方向应该与企业的整体战略目标相一致，以确保预算的有效实施和管理。

现金收支管理也是预算组织中的关键要素。通过合理管理和控制现金流入和流出，企业可以确保资金的充足性和有效利用。这包括制定现金流量预测、优化资金运作、降低财务风险等措施，以保证企业的正常运营和发展。

成本定额控制是预算组织的另一个重要手段。通过对各项成本进行定额控制，企业可以有效地控制成本的增长，提高资源利用效率，实现成本的优化和节约。这需要对各项成本进行详细的分析和评估，并制订相应的控制措施和标准。

责任报告制度是预算组织的基础。通过建立责任报告制度，可以明确各个部门和个人在预算管理中的责任和义务，并建立起相应的考核和激励机制。这有助于提高预算执行的效率和质量，促进各部门之间的协作和配合。

激励约束机制是预算组织的保障。通过建立激励约束机制，可以激发员工的积极性和创造力，促使他们更好地履行预算管理的职责。同时，也可以对预算执行不力或不符合要求的情况进行约束和纠正，确保预算的有效实施和管理。

（二）科学编制预算

科学编制预算是全面预算管理的重要环节，它要求按照一定的方法和原则进行预算的制订。预算编制的原则是“自上而下、自下而上、上下结合”，这意味着预算的制订需要从企业整体层面开始，然后逐级分解到各个部门和岗位，最后再将各个层级的预算汇总起来形成整体预算。

自上而下是指预算的制订要从企业整体层面开始，由高层管理人员确定总体经营目标和战略方向，然后将这些目标和方向分解到各个部门和岗位。这样可以确保预算与企业的整体战略目标相一致，避免出现部门之间的冲突和重复。自下而上是指各个部门和岗位根据企业的总体目标和战略方向，结合自身的实际情况，确定相应的预算指标。这样可以充分发挥各个部门和岗位的专业性和自主性，提高预算的准确性和可操作性。上下结合是指将各个层级的预算汇总起来形成整体预算。这需要通过反复研究和协商，确保各个层级的预算指标相互协调、相互支持，形成一个有机的整体。同时，还需要对预算进行定期的调整和修订，以适应市场环境和企业内部变化的需求。

在确定预算指标时，我们提到了企业经营业务收入指标、成本费用支出指标和应收账款降低率等指标。这些指标是企业经营活动的关键指标，通过对这些指标的预测和控制，可以对企业的经营状况进行全面评估和管理。同时，还可以根据实际需要确定其他相关的指标，如利润增长率、市场份额等，以更好地反映企业的经营情况。

科学编制预算是全面预算管理的基础，它要求按照一定的方法和原则进行。通过自上而下、自下而上、上下结合的方式，以及反复研究和协商，可以使预算指标更加符合生产实际，为企业的经营决策提供科学依据。

（三）强制预算执行

强制预算执行是全面预算管理的重要环节，它要求将预算的制订和执行紧密结合起来，确保预算的有效实施。

以“现金流管理”为主导的预算理念强调了预算执行的重要性。现金流是企业的生命线，对企业的正常运营和发展至关重要。通过将现金流管理作为预算的核心内容，可以更好地控制企业的现金流量，降低财务风险，提高企业的盈利能力。

将预算执行符合率纳入考核体系是为了激励和约束各个部门和岗位的预算执行行为。通过设定预算执行符合率的指标，并将其纳入绩效考核体系中，可以促使各个部门和岗位更加重视预算的执行，增强预算管理的有效性。同时，还可以通过奖惩机制来激励和约束预算执行的行为，确保预算目标的实现。

比如，对各项付现成本进行分解，并落实可控付现成本同比减少 10%的硬指标是为了提高预算执行的效果。付现成本是企业生产经营过程中需要支付现金的成本，对各项付现成本进行分解可以帮助企业更好地了解和管理成本结构。通过落实可控付现成本同比减少 10%的硬指标，可以促使各个部门和岗位更加注重成本的控制和管理，提高企业的经营效益。

（四）强化预算监督

强化预算监督是全面预算管理的重要环节。它要求对企业的预算执行情况进行跟踪监控和分析，及时发现偏差并采取相应的控制措施。建立信息反馈系统是为了及时获取企业预算执行情况的信息。通过建立有效的信息反馈机制，可以收集和整理各个部门和岗位的预算执行情况数据，包括成本费用支出情况、现金流状况等。这样可以帮助企业管理层全面了解预算执行情况，及时发现问题和偏差。

定期召开预算执行分析会是为了对预算执行情况进行深入分析和评估。在会议中，可以通报各部门和岗位的成本费用支出情况，比较实际支出与预算的差异，分析差异的原因和影响。通过这样的分析，可以帮助企业管理层更好地理解预算执行情况，找出问题的根源，并制定相应的改进措施。

制定控制办法是为了对预算执行偏差进行控制和管理。根据预算执行分析的结果，可以制定相应的控制办法，如调整预算指标、加强成本费用管控、优化资金运作等。这样可以帮助企业及时纠正偏差，确保预算目标的实现。

（五）严格预算考核

严格预算考核是全面预算管理的重要环节。它要求建立科学的预算考评体系，并通过“严考核、硬兑现”的方式强化预算的约束力。

建立科学的预算考评体系是为了确保预算考核的准确性和有效性。科学的预算考评体系应该包括明确的考核指标、合理的权重分配、合理的评分标准等。通过建立科学的考评体系，可以对企业各部门的预算执行情况进行全面、客观和公正的评估，避免主观性和随意性。

实行“严考核、硬兑现”是为了强化预算的约束力。在预算考核过程中，应该严格按照考评体系的要求进行评估，并对考核结果进行严格的兑现。对于预算执行良好的部门和岗位，给予相应的奖励和激励；对于预算执行不达标的部门和岗位，采取相应的惩罚措施。这样可以促使各个部门和岗位更加注重预算的执行，提高预算管理的有效性。

年终对企业各部门预算执行情况进行考评是为了总结和评价全年的预算管理工作。通过对各部门的预算执行情况进行综合评估，可以了解企业整体的预算管理水平和效果。同时，还可以发现存在的问题和不足，为下一年度的预算管理工作提供参考和改进的方向。

（六）预算体系评估

预算体系评估作为全面预算管理的重要组成部分，发挥着至关重要的作用。它不仅仅是对过去预算执行情况的回顾和总结，更是对未来预算优化的重要依据。通过预算体系评估，企业可以深入了解预算管理的现状，发现存在的问题和不足，从而有针对性地进行改进和优化。

在预算体系评估过程中，企业需要重点关注以下几个方面。

1．要对预算制定的过程进行全面审查

这包括预算目标的设定、预算编制的方法和流程、预算审批的权限和程序等。通过评估预算制定的过程，企业可以确保预算的合理性、科学性和可行性，避免预算制定过程中的主观性和随意性。

2．要对预算执行的效率和效果进行评估

这包括预算执行的进度、预算资金的使用效率、预算调整的频率和幅度等。通过评估预算执行的效率和效果，企业可以及时发现预算执行中的问题，并采取有效的措施进行纠正和改进，确保预算的顺利执行。

3．要关注预算与企业战略目标的契合度

预算作为企业战略实施的重要工具，必须与企业战略目标保持高度一致。通过评估预算与企业战略目标的契合度，企业可以确保预算的导向性和引领性，推动企业战略目标的实现。

4．要关注预算对企业资源配置、组织协调和精益管理水平的影响

预算不仅是对企业财务资源的分配和管理，更是对企业整体资源的配置和协调。通过评估预算对企业资源配置、组织协调和精益管理水平的影响，企业可以发现资源配置的瓶颈和问题，优化组织协调机制，提升企业的精益管理水平，从而实现企业整体效益的最大化。

预算体系评估是提升企业全面预算管理水平、优化资源配置、组织协

调和精益管理水平的重要手段。通过深入评估预算体系的各个方面，企业可以发现存在的问题和不足，并采取有效的措施进行改进和优化，从而推动企业的持续发展和竞争力提升。

第三节 大数据背景下的企业全面预算管理

一、大数据与全面预算管理

（一）大数据与预算

随着现代企业的不断发展和业务的不断拓展，数据量日益庞大且复杂，处理和分析这些数据成为一项越来越具有挑战性的任务。在这个背景下，大数据技术的出现为解决这些问题提供了新的思路和方法。大数据技术以其独特的优势，正在改变企业运营的方式，为企业的发展带来新的机遇和挑战。

大数据可以提供更广泛、更深入的数据来源，从而为预算编制提供更为全面和准确的信息。通过对历史数据的深度挖掘和分析，我们可以更好地了解数据变化规律，观察业务发展趋势，从而预测未来的市场需求和竞争态势，帮助企业制定更加客观、合理的预算方案，提高预算管理效率和质量。

大数据技术的应用可以提高预算编制的效率和准确性。通过自动化数据处理和分析，可以减少人工操作和误差，提高编制效率和准确性。同时，各部门之间的及时沟通协作也可以减少信息不对称和重复工作的情况，进一步提高工作效率和质量。这些优势可以使企业的预算管理更加科学、规范和高效。

大数据还可以促进全员参与预算管理的意识。在大数据的背景下，每个员工都需要具备数据意识和参与意识，充分认识到大数据和预算管理的重要性。通过建立完善的组织结构和共享的数据中心，可以使每个员工都参与到预算编制和执行的过程中来，从而更好地实现企业的战略性目标。这种全员参与的方式可以增强员工的责任感和使命感，提高企业整体的管理水平。

大数据的应用还可以帮助企业更好地把控运营风险。通过大数据分析，我们可以及时发现和预测企业运营中可能面临的风险和挑战，从而采取相应的措施进行防范和应对。这可以帮助企业在激烈的市场竞争中保持稳健的发展态势，提高企业的综合竞争力。

大数据的出现也带来了新的挑战和机遇。在应用大数据技术时，我们需要不断创新和探索，寻找符合企业业务变化的方法和技术。同时，我们也需要加强对大数据技术的管理和监管，确保其安全性和合规性。只有这样才能够充分发挥大数据技术在企业发展中的重要作用。

大数据技术的应用能够深度挖掘和分析历史数据、提高编制效率和准确性、促进全员参与预算管理等，可以帮助企业更好地实现战略性目标，提高市场竞争力和综合实力。同时也要注意到大数据应用中存在的挑战和问题，积极采取措施加以解决，推动企业更好地适应大数据时代的发展要求，实现持续、健康、稳定的发展。

（二）大数据与全面预算管理的关系

1. 大数据为全面预算管理提供技术支持

大数据技术可以提供广泛的数据来源，包括历史数据和各种预测数据。传统的预算编制过程中，数据主要依靠财务人员手动收集和整理，不仅耗时较长，而且可靠程度也较低。通过大数据技术的应用，企业可以快速获取并筛选大量的数据，包括历史数据和各种预测数据，从而为预算编制提供更加全面和准确的数据支持。

大数据技术可以为预算编制提供更深入的数据分析。通过利用大数据技术，企业可以对历史数据和预测数据进行深入的分析，包括数据的趋势、波动情况、影响因素等，从而为预算编制提供更加准确的数据支持。此外，大数据技术还可以将更多非结构化信息加入数据分析系统中，如文本、图片、视频等，从而为预算编制提供更加丰富的数据来源和分析方法。

大数据技术可以提高预算编制的效率和灵活性。传统的预算管理往往需要等到年末才能进行一个年度的经营分析，而大数据管理中心可以实时收集、实时更新数据，企业可以在经营过程中随时获取最新的数据分析结果，从而及时调整经营决策和优化经营管理。此外，大数据技术还可以实现跨部门的数据共享和协同工作，提高预算编制的效率和准确性。

大数据技术的应用为全面预算管理提供了强大的技术支持，它可以提高预算编制的效率和准确性、支持实时分析和调整、促进跨部门协同工作等。通过大数据技术的应用，企业可以实现更加精细化的预算管理，优化经营管理流程，提高企业的综合竞争力和市场适应能力。

2. 大数据是全面预算管理发展的动力

在大数据的推动下，全面预算管理逐渐成为企业发展的重要引擎。通过大数据和全面预算管理的深度融合和协作，企业可以更好地实现资源优化配置、降低成本、提高经营效益等目标。同时，大数据还可以为企业提供更加全面和准确的市场信息和分析报告，帮助企业做出更加明智的投资决策和发展规划。

大数据的应用还刺激了全面预算管理的创新和发展。随着数据量的不断增加和数据来源的多样化，传统的预算管理方法已经无法满足企业的需求。因此，企业需要不断探索和创新预算管理方法，以适应日益复杂的市场环境和业务需求。例如，利用大数据技术进行预算模型的构建和分析、预算执行情况的实时监控和调整等。

大数据不仅是全面预算管理的重要工具，也是推动全面预算管理发展的动力。通过大数据技术的应用，企业可以更好地应对市场挑战和业务复杂性，提高预算编制的准确性和执行力，实现更加健康稳定的发展。

3．大数据保障全面预算管理的实施

在全面预算管理的实施过程中，大数据的应用为管理者提供了更加全面和准确的数据支持和分析报告。这些数据可以帮助管理者更好地了解企业的经营状况和市场趋势，从而制定更加符合企业实际情况的战略目标和预算方案。

通过大数据的分析和监控，企业可以及时发现预算执行过程中的问题并进行调整，避免了传统预算管理中出现的问题和漏洞。同时，大数据的应用还可以为企业提供更加全面和准确的市场信息和分析报告，帮助企业做出更加明智的投资决策和发展规划。

通过大数据技术的应用，企业可以更好地应对市场挑战和业务复杂性，提高预算编制的准确性和执行力，实现更加健康稳定的发展。

二、大数据与全面预算管理结合存在的问题

在大数据时代，全面预算管理已经成为企业提高经营效益、优化资源配置的重要手段。然而，在实际工作中，企业在运用大数据技术进行全面预算管理方面仍然面临着诸多问题和挑战。以下是对这些问题的深度分析。

（一）数据质量问题

在大数据环境下，数据质量问题已经成为企业预算管理的一大挑战。

由于数据量庞大、类型多样、更新速度快，企业在进行预算管理时，需要依赖准确、完整的数据。然而，现实中很多企业的数据存在以下问题，会影响数据的质量。

1．数据缺失

由于数据采集、传输等环节的问题，企业的部分数据可能无法获取，导致数据缺失。数据缺失会影响预算管理的有效性，因为预算管理需要基于完整的数据进行分析和决策。为了解决这一问题，企业需要加强数据采集和传输的监控，确保数据的完整性。

2．数据错误

在数据采集、处理等过程中，可能会出现数据错误，如输入错误、计算错误等。数据错误会导致预算管理的结果失真，影响企业的经营决策。为了解决这一问题，企业需要建立数据质量检查机制，对数据进行定期校验和修正。

3．数据重复

由于数据来源的多样性，企业的数据中可能存在重复的情况。数据重复会增加数据分析的复杂性，降低预算管理的效率。为了解决这一问题，企业需要建立数据去重机制，对重复数据进行清洗和整合。

4．数据不一致

由于企业内部各部门之间的“信息孤岛”现象，企业的数据可能存在不一致的情况。数据不一致会影响预算管理的协同效应，降低企业的运营效率。为了解决这一问题，企业需要加强部门之间的信息沟通和数据共享，实现数据的一致性。

5．数据时效性差

在大数据环境下，数据的更新速度非常快，企业需要及时获取最新的数据进行预算管理。然而，现实中很多企业的数据更新滞后，导致预算管理的效果受到影响。为了解决这一问题，企业需要建立实时数据更新机制，确保数据的时效性。

在大数据环境下，企业需要重视数据质量问题，通过加强数据采集、传输、处理等环节的管理，建立完善的数据质量检查和修正机制，确保预算管理的数据准确、完整、一致和时效性。只有这样，企业才能充分利用大数据的优势，提高预算管理的效果，为企业的发展提供有力支持。

（二）数据安全问题

在大数据环境下，数据安全问题已经成为企业预算管理中不可忽视的重要问题。随着企业对数据的依赖程度不断增加，数据的安全性和隐私性变得尤为重要。然而，现实中很多企业在数据存储、传输、处理等环节存在安全隐患，容易导致数据泄露、篡改等风险。

数据存储是数据安全的第一道防线。企业需要确保数据存储设备的安全性，包括物理设备的安全和网络设备的安全。物理设备的安全可以通过加强设备的防护措施，如安装监控摄像头、设置门禁系统等来实现。网络设备的安全则需要采取防火墙、入侵检测系统等技术手段来保护网络免受未经授权的访问和攻击。

数据传输也是一个重要的安全隐患。在数据传输过程中，数据可能会被截获、篡改或窃取。为了确保数据传输的安全性，企业可以采用加密技术对数据进行加密，以防止数据在传输过程中被恶意攻击者获取。此外，还可以使用数字签名等技术来验证数据的完整性和真实性，确保数据在传输过程中没有被篡改。

数据处理是数据安全的最后一道防线。在数据处理过程中，数据可能会被非法访问、修改或删除。为了确保数据处理的安全性，企业可以采取访问控制措施，限制只有授权人员才能访问和修改数据。此外，还可以使用数据备份和恢复技术来保护数据。

总之，在大数据环境下，企业全面预算需要高度重视数据安全问题，并采取有效的措施来确保数据的安全性和隐私性。只有建立起安全可靠的数据环境，企业才能更好地进行预算管理，实现可持续发展。

（三）数据分析能力不足

数据分析需要具备统计学、数学、计算机科学等多方面的知识，同时还需要具备良好的业务理解和沟通能力。然而，目前市场上的数据分析人才相对稀缺，企业往往难以招聘到合适的人才。此外，即使有数据分析人才，由于缺乏相关的培训和发展机会，他们的技能和能力也难以得到提升。缺乏先进的数据分析技术和工具也是企业面临的问题之一。大数据分析需要借助各种技术手段来处理和分析海量的数据，如数据挖掘、机器学习、人工智能等。很多企业在这方面的投入不足，没有引入先进的数据分析技术和工具，导致无法高效地进行数据分析工作。

由于以上问题的存在，企业无法充分挖掘数据的价值，影响预算管理的效果。缺乏专业的数据分析人才和技术手段，使得企业在数据分析过程中无法准确地识别和理解数据中的信息，无法发现潜在的商机和风险。同时，由于数据分析工作的不完善，企业也无法及时调整预算策略和决策，导致预算执行效果不佳。

（四）数据应用水平不高

现实中，很多企业在数据应用方面存在局限。首先，一些企业缺乏有效的沟通和协作机制。数据分析结果往往需要与各个部门和层级的人员进行共享和讨论，以制定相应的预算策略和措施。然而，由于企业内部的沟通不畅或协作机制不完善，数据分析结果无法及时传达给相关人员，导致无法将数据分析结论用于指导实际工作。其次，一些企业缺乏对数据分析结果的有效解读和应用能力。数据分析结果往往是复杂的统计指标和模型输出，对于非专业人士来说可能难以理解和应用。因此，企业需要有专业的人员来解读和应用数据分析结果，将其转化为可操作的管理建议和行动计划。然而，由于缺乏相关的人才和技术手段，一些企业无法有效地将数据分析结果应用于预算管理实践中。最后，一些企业还存在对数据分析结果的质疑和担忧。由于数据分析涉及大量的数据和复杂的算法，一些人可能对数据分析结果的准确性和可靠性产生怀疑。这种质疑和担忧可能导致企业对数据分析结果的应用持保留态度，从而影响预算管理的效果。

为了克服以上问题，企业需要加强对数据分析结果的应用。首先，企业应该建立有效的沟通和协作机制，确保数据分析结果能够及时传达给相关人员，并与他们共同讨论和制定相应的预算策略和措施。其次，企业应该培养专业的人员来解读和应用数据分析结果，将其转化为可操作的管理建议和行动计划。此外，企业还应该加强对数据分析结果的推广和宣传，提高员工对数据分析的认识和理解，消除对数据分析结果的质疑和担忧。

通过将数据分析成果转化为实际的管理决策和行动，企业可以更好地利用数据的价值，提高预算管理的效果和决策的准确性。只有将数据分析与实际业务相结合，企业才能在竞争激烈的市场中立于不败之地。

（五）组织架构和流程不适应

在大数据环境下，企业需要进行组织架构和流程的调整，以适应数据驱动的预算管理。这是因为大数据环境下的预算管理需要更加灵活、高效和智能的方式，而传统的组织架构和流程由于其功能上的局限性往往无法满足这些需求。

1．预算管理缺乏跨部门、跨层级的协作和沟通

由于大数据涉及多个业务领域和部门的数据，预算管理需要各个部门之间的紧密合作和信息共享。然而，现实中很多企业的组织架构是按照传统的职能划分的，各个部门之间存在着“信息孤岛”和沟通壁垒，难以实现有效的协作和沟通。因此，企业需要进行组织架构的调整，打破各个部门之间的壁垒，建立跨部门、跨层级的协作机制。

2．预算管理缺乏快速响应和决策的能力

由于大数据具有时效性和复杂性，预算管理需要能够及时获取和分析数据，并做出相应的决策。然而，现实中很多企业的流程是按照固定的步骤和程序进行的，缺乏灵活性和敏捷性。这种固化、僵化的流程无法适应大数据环境下的预算管理需求。因此，企业需要进行流程的优化和改进，建立快速响应和决策的流程机制。

3．预算管理缺乏数据分析能力和技术人才

大数据分析需要借助各种技术手段来处理和分析海量的数据，如数据挖掘、机器学习、人工智能等。然而，现实中很多企业缺乏专业的数据分析技术和人才，无法充分挖掘数据的价值。因此，企业需要进行人才培养和技术引进，提高员工的数据分析能力和技术水平。

（六）政策法规滞后

在大数据环境下，企业预算管理涉及诸多法律法规和政策问题。然而，现实中政策法规滞后于大数据技术的发展，导致企业在预算管理过程中面临法律风险和合规问题。

1．大数据技术的发展速度远远超过了法律法规的制定和修订速度

随着技术的不断进步和应用的广泛推广，大数据在企业预算管理中的作用越来越重要。然而，由于法律法规的制定需要经过一系列的程序和时间，往往无法及时跟上技术的变化和发展。这就导致了企业在预算管理过程中面临着法律风险和合规问题。例如，对于个人隐私保护、数据安全等方面的法律法规尚未完善，企业在收集、存储和使用大数据时可能违反相关法律法规，从而面临法律责任和罚款等风险，破坏企业经

营的稳定性。

2．大数据的应用范围广泛，涉及多个行业和领域

不同行业和领域的法律法规可能存在差异，企业在预算管理中需要遵守各个行业和领域的法律法规。然而，由于大数据的跨行业性和复杂性，企业往往难以全面了解和掌握各个行业和领域的法律法规要求。这就增加了企业在预算管理过程中的法律风险和合规问题。例如，金融行业的预算管理需要遵守金融监管的相关法规，而医疗行业的预算管理则需要遵守医疗行业的相关法规。如果企业无法准确理解和遵守这些法规，就可能面临法律风险和合规问题。

3．大数据的应用还涉及跨境数据传输和共享的问题

由于不同国家和地区对于跨境数据传输和共享的法律法规存在差异，企业在进行跨国业务时需要遵守各个国家或地区的法律法规。然而，由于企业往往难以准确了解和遵守各个国家或地区的法律法规要求，这就增加了企业在预算管理过程中的法律风险和合规问题。例如，企业在进行跨境数据传输时可能违反了目标国家的数据保护法规，从而面临法律责任和罚款等风险。

（七）企业文化和管理理念不适应

在大数据环境下，企业需要建立以数据为核心的企业文化和管理理念。这是因为大数据的应用和分析需要全员参与和支持，而传统的层级管理和经验决策往往无法满足这一需求。

1．大数据环境下的预算管理需要强调数据的驱动和决策的支持

这意味着企业需要将数据作为重要的资源和决策的基础，通过数据分析和挖掘来获取有价值的信息和洞察。然而，现实中很多企业的文化和管理理念仍然停留在传统的层级管理和经验决策阶段，缺乏对数据的充分重视和应用。这导致了企业在预算管理过程中难以充分利用数据的价值，决策的准确性和效果受到影响。

2．大数据环境下的预算管理需要强调团队合作和信息共享

预算管理需要各个部门之间的紧密合作和信息共享。然而，现实中很多企业的文化和管理理念仍然注重个人的竞争和独立工作，缺乏团队合作和信息共享的意识。这导致了企业在预算管理过程中存在着“信息孤岛”

和沟通壁垒，无法实现跨部门、跨层级的协作和协调。

3．大数据环境下的预算管理还需要强调创新和试错的精神

由于大数据具有复杂性和不确定性，预算管理需要能够快速试错和调整，不断优化和改进。然而，现实中很多企业的文化和管理理念仍然注重稳定和保守，缺乏对创新和试错的支持和鼓励。这导致了企业在预算管理过程中难以适应变化和挑战，决策的效果和效率受到限制。

大数据环境下的企业需要建立以数据为核心的企业文化和管理理念。这包括强调数据的驱动和决策的支持、团队合作和信息共享、创新和试错的精神。只有通过这些改变和转变，企业才能更好地适应大数据环境下的预算管理需求，提高预算管理的效果和决策的准确性。

三、大数据优化与完善企业全面预算管理的有效措施

大数据对企业预算管理进行优化和提升，建立信息化预算管理体系，打造高效的全面预算管理体系，可以从数据中心建设、制度建设和人才培养以及技术开发等方面采取措施。

（一）在企业内部建设大数据中心

在大数据时代，企业内部建设大数据中心是解决预算管理中信息反馈滞后和数据分散问题的关键。随着网络信息的迅速发展，企业获取的数据来源和形式与过去存在很大的区别。这些数据既包括来自企业各部门的信息，也包括来自市场、当地政府、客户以及银行等外部影响企业业务拓展与经营决策的信息。为了对这些内外部信息进行关联和筛选，并有选择地利用它们，企业需要在内部建设大数据中心。

建设大数据中心可以从根本上解决企业在预算中存在的信息反馈滞后的问题。传统的预算管理往往依赖人工收集和整理数据，这导致信息反馈的速度较慢，无法及时反映实际情况。而大数据中心则可以通过自动化和实时化的方式收集和处理数据，快速获取最新的信息，使企业能够及时调整预算。例如，通过对销售数据的实时监测和分析，企业可以及时发现市场需求的变化，并相应地调整生产计划和销售的策略。

建设大数据中心可以解决企业在预算中获取数据信息较为分散的问题。在传统预算管理中，各个部门可能使用不同的数据系统和工具，导致数据的存储和共享变得困难。而大数据中心可以将企业内部的各种数据集中存

储和管理，实现数据的整合和共享，提高数据的利用效率和准确性。

建设大数据中心还可以推动数据挖掘技术在企业的深入应用。大数据具有海量、多样化和高维度的特点，通过数据挖掘技术可以从中挖掘出有价值的信息和洞察。企业可以通过大数据中心的建设，充分利用大数据的优势，对数据进行深入分析和挖掘，为企业的战略管理提供更有价值的决策依据。例如，通过对市场趋势、客户需求和竞争对手的分析，企业可以制定出更具前瞻性和深度的战略目标，为预算编制和执行提供指导。同时，数据挖掘技术还可以帮助企业发现潜在的商机和风险，提前做出相应的应对措施。

（二）加强企业全面预算管理制度的保障

1．完善全面预算管理体系

企业应精准掌握各部门的预算方案与目标，结合不同部门的特征，对预算目标进行详细分解，使预算的执行、控制、管理与评价这四个环节的工作真正落实到位。在全面预算管理体系的完善过程中，企业应注重加强不同部门之间的协调与沟通，确保各项预算计划的执行与落实。

2．制定科学的奖惩机制

为了确保全面预算管理的有效实施，企业还应制定出与全面预算管理制度相一致的、科学的、合理的奖惩机制。这种机制应能够激励员工积极参与预算管理工作，提高工作效率和质量，同时也能够对不遵守预算管理规定或执行不力的员工进行适当的惩罚，以起到警示作用。

3．搭建并完善大数据信息平台

在大数据环境下，企业应积极搭建并完善大数据信息平台，在强化硬件建设的同时，逐步完善软件配置，以提高预算管理的效率。通过大数据信息平台，企业可以更快速地收集、整理、分析和存储各种数据信息，为预算管理提供更加全面、准确的数据支持。

4．加强制度建设

企业全面预算管理的实施需要完善的制度基础作支撑。制度与预算管理体系之间是相互补充、相互统一、相互协调的关系。企业应不断优化各项制度，确保各项制度能够为预算管理体系的实施提供有效的支持和保障。同时，在各项制度的不断完善过程中，企业也应注重加强制度之间的协调与统一，避免出现制度之间的冲突和矛盾。

（三）实施人才战略，提供人员保障

在大数据环境下，企业的全面预算管理不仅需要具备财务、统计等基础理论知识，还需要充分了解和掌握大数据分析技术和应用能力。因此，企业实施人才战略，培养和引进具备大数据分析和应用能力的复合型预算管理人才，是推动企业全面预算管理发展的关键。

1．加强人员培训

通过定期组织培训、轮训、学术交流等方式，提高预算管理人员的数据分析能力和实践经验。在培训内容上，除了传统的财务信息和成本控制等相关知识外，还需要加强数据挖掘、数据清洗、数据分析等方面的技能培训，使他们能够熟练掌握大数据的应用和分析方法。同时，还需要注重培养预算管理人员的信息技术能力，包括数据可视化、数据报表制作等技能，以更好地将数据分析结果呈现给企业决策者。

2．引进专业人才

企业可以通过引进具有大数据分析和应用能力的专业人才，来加强自身的人才储备和建设。在引进人才的过程中，企业需要注重选拔具备良好综合素质和创新能力的人才，并为其提供良好的工作环境和发展空间，激发其创造力和潜力。

3．加强技术合作

企业可以通过与行业内的领先企业和机构合作，共同培养和输送人才。通过交流合作，学习借鉴先进的管理理念和方法，分享经验和技术成果，提升企业自身的管理水平和竞争力。同时，也可以通过合作参与行业内的研究项目和实践活动，锻炼和提高企业预算管理人员的数据分析能力和实践经验。

（四）借助现代信息技术实现信息化保障

在大数据时代，借助现代信息技术实现信息化保障是促进企业全面预算管理顺利实施的重要手段。通过建设信息化平台，企业可以充分利用大数据的优势，提升工作效率和决策水平。

1．企业应结合现有的信息化系统，构建预算管理平台

这个平台可以集成企业内部的各种数据和信息，包括财务数据、市场数据、客户数据等。通过对这些数据的分析和挖掘，企业可以更好地了解

自身的经营状况和市场环境，为预算编制和执行提供准确的依据。同时，这个平台还可以实现不同部门之间的信息共享和协同工作，提高预算管理的协同效率。例如，销售部门可以根据市场需求和客户反馈调整销售预算，而生产部门可以根据销售预算进行生产计划的调整。

2．企业应通过预算分析进行绩效评估

通过对预算执行情况的监控和分析，企业可以及时发现问题和风险，并采取相应的措施进行调整和改进。通过对预算目标的达成情况进行评估，企业可以对各个部门和个人的绩效进行评价，激励员工的积极性和创造性。如果某个部门的预算执行情况较好，超过了预期目标，那么该部门可以得到相应的奖励和认可；反之，如果某个部门的预算执行情况较差，没有达到预期目标，那么该部门需要找出原因并进行改进。

3．企业应加强预算信息系统的集成运用

通过与其他相关系统的融合，如财务管控系统、人事管理系统等，可以实现数据的互通和共享，提高信息的利用效率和准确性。例如，通过与财务管控系统的集成，可以实现预算与实际支出的对比分析，帮助企业更好地控制成本和费用；通过与人事管理系统的集成，可以实现人力资源的合理配置和优化，提高员工的工作效率和满意度。这样可以避免“信息孤岛”的问题，提高数据的一致性和可靠性。

借助现代信息技术实现信息化保障是促进企业全面预算管理顺利实施的重要手段。通过建设预算管理平台、进行绩效评估和加强预算信息系统的集成运用，企业可以提高预算管理的效率和准确性，为企业的发展提供有力支持。因此，企业应充分重视信息化建设，将其作为推动全面预算管理的重要手段。

第五章 大数据与企业财务分析

第一节 企业财务分析概述

一、财务分析内涵

有关财务分析的定义各专家学者的说法不尽相同。有学者认为，财务分析以审慎选择财务信息为起点，作为探讨的根据；以分析信息为重点，以提示其相关性；以研究信息的相关性为手段，以评核其结果。美国纽约市立大学的奥利波德·伯恩斯坦（Leopold A. Bemstein）认为，财务分析是一种判断过程，旨在评估企业现在或过去的财务状况及经营成果。财务分析主要目的在于对企业未来状况及经营业绩进行最佳预测。

财务分析是一种深入剖析企业经济活动和财务状况的管理工具，它以会计核算和报表资料为基础，运用各种专门的分析技术和方法，对企业过去的筹资活动、投资活动、经营活动、分配活动进行深入剖析，以了解企业的盈利能力、营运能力、偿债能力和增长能力。

财务分析并不仅仅是简单地查看财务报表，而是通过运用一系列专门的分析技术和方法，对财务报表和其他相关资料进行深度挖掘和分析。这些分析技术和方法包括比率分析、比较分析、趋势分析、财务指标分析等，它们可以帮助分析者更好地理解企业的财务状况和经营绩效。

财务分析的目的是多方面的。对于投资者来说，财务分析可以帮助他们了解企业的盈利能力、成长性和潜在风险，从而做出更明智的投资决策。对于债权人来说，财务分析可以帮助他们评估企业的偿债能力和信用风险，从而做出更合理的信贷决策。对于经营者来说，财务分析可以帮助他们了解企业的运营效率、成本结构和发展战略，从而制定更有效的经营策略。

财务分析还可以提供对企业未来发展的预测和评估。通过分析企业的历史数据和行业趋势，可以预测企业未来的财务状况和市场表现，从而帮助企业制定更加科学的发展战略。

财务分析的结果对于企业决策具有重要的影响。通过深入了解企业的财务状况和经营绩效，企业可以作出更加明智的决策，包括投资决策、融资决策、经营决策等。同时，财务分析还可以帮助企业及时发现潜在的风险和问题，从而采取相应的措施加以解决。

二、企业财务分析的意义

现代企业财务分析的意义深远，它并不仅仅是对于过去财务活动的总结，更是对企业未来发展趋势的预测和规划。

（一）改善经营管理的重要工具

财务分析通过对财务报表的解读，能够反映企业在采购、生产、销售等各个环节的经营情况。通过对比历史数据和行业标准，可以发现企业的优势和劣势，从而调整和优化企业的经营策略。例如，如果发现企业的成本过高，可以通过对成本的深入分析，找出问题所在，并采取相应的措施降低成本。

（二）提高经济效益的关键手段

财务分析通过分析企业的盈利能力、营运能力和偿债能力等财务指标，能够帮助企业管理人员了解企业的经济效益状况。对于投资者和债权人来说，他们也需要这些信息来评估企业的投资价值和风险。通过财务分析，可以发现企业存在的问题，并采取相应的措施解决问题，从而提高企业的经济效益。

（三）利益关系人决策的依据

不同的利益关系人需要从财务分析中获取他们所需的信息。对于投资者来说，他们需要了解企业的财务状况和经营成果，以评估企业管理当局受托责任的履行情况，并据此作出买进、持有或卖出企业股份的决策。对于债权人来说，他们需要利用财务报表来分析企业资产的状况及其流动性、负债偿还的可靠程度等有关信息。对政府机构来说，他们要依据财务报表提供的信息进行宏观决策。因此，财务分析是各利益关系人作出决策的重要依据。

（四）评价管理者经营绩效的尺度

通过财务分析，可以检查企业管理者和企业内部各职能部门（单位）完成财务目标的情况，对他们的工作绩效进行考察。这不仅可以帮助企业管理人员了解各部门的工作绩效，还可以激励各部门努力提高工作效率和质量。同时，通过对历史数据的分析和对未来的预测，可以评价管理者的经营绩效，为他们的晋升和奖励提供依据。

（五）预测未来发展趋势的重要途径

财务分析不仅是对历史的总结，更是对未来的预测。通过对历史数据的趋势分析，可以帮助企业预测未来的市场趋势和发展方向。例如，如果发现企业的销售额在逐年增长，那么可以预测未来市场对该产品的需求量可能会继续增加。在此基础上，企业可以制定相应的生产和销售策略，以满足市场需求。

（六）适应经济环境变化和企业竞争的重要保障

现代企业的经营环境瞬息万变，竞争也日益激烈。通过财务分析，可以帮助企业及时发现市场变化和竞争态势，从而迅速作出反应。例如，当发现竞争对手在降低成本方面取得了优势时，企业可以通过财务分析找出自身成本高的原因，并采取相应的措施降低成本。

三、企业财务分析的方法

财务报表的分析与评价可以与企业的经营环境相结合，从不同的角度、根据不同的目的进行。虽然财务报表分析有多种多样的形式，但其中都贯穿着比较分析的原理。基本的分析方法主要有比率分析法、比较分析法、因素分析法、趋势分析法和图表分析法五种。

（一）比率分析法

比率分析法是一种常用的财务分析工具，它通过对比两个或更多相关财务数据，来评估企业的财务状况和经营成果。这些比率可以包括偿债能力比率，如资产负债率和流动比率，营运能力比率，如存货周转率和应收账款周转率，以及盈利能力比率，如净资产收益率和资产净利率等。

（二）比较分析法

比较分析法是一种基本的财务分析方法，它将两个或两个以上的可比数据进行对比，以揭示它们之间的差异并寻找差异的原因。这种分析方法经常与比率分析法结合使用，以更全面地评估企业的财务状况和经营成果。比较分析法可以通过绝对比较和相对比较两种方式进行。

绝对比较是通过计算两个或多个可比数据之间的差额来评估企业的财务状况和经营成果。例如，通过计算本年度销售额与上一年度销售额之间的差额来评估企业的销售增长情况。

相对比较则是通过计算两个或多个可比数据之间的比率来评估企业的财务状况和经营成果。例如，通过计算本年度毛利率与上一年度毛利率之间的比率来评估企业的盈利能力变化情况。

（三）因素分析法

因素分析法是一种利用指数体系分析财务比率变动的方法。它通过确定各因素对总指标的影响程度和影响额，帮助企业了解各因素对财务指标的影响程度。这种分析方法既可以全面分析各因素对某一经济指标的影响，也可以单独分析某个因素对某一经济指标的影响。在财务分析中应用非常广泛的因素分析法，可以进一步分为差额计算法和连环替代法两种具体操作方法。

差额计算法是通过计算各因素实际数与计划数之间的差额来评估各因素对财务指标的影响程度和影响额。这种方法简单易行，但需要注意数据的准确性。

连环替代法则是通过依次替代每个因素，计算出各因素对财务指标的影响程度和影响额。这种方法基于假设其他因素不变的前提下，计算各因素单独变化所产生的影响。

（四）趋势分析法

趋势分析法是通过计算连续数年财务报表中同一指标的百分比，以显示该指标的各期上升或下降的变动趋势。这种方法可以为企业提供明确的趋势概念，帮助企业掌握有关财务状况和经营成果的相互关系和变动趋势。趋势分析法通常采用图表法和指标法进行展示和分析。

图表法是通过绘制柱状图、折线图等图表来展示连续数年财务报表中同一指标的百分比变化情况。这种方法直观明了，易于理解。

指标法则是通过计算一系列指标的变化情况来评估企业的财务状况和经营成果的趋势变化。例如，通过计算销售增长率、毛利率等指标的变化情况来评估企业的成长能力和盈利能力变化趋势。

（五）图表分析法

图表分析法是以各种图表或表格表示企业在同一年度或不同年度内有关财务状况、经营成果及财务状况的各种关系与趋势。图表分析法的优点是，信息一目了然，能够迅速掌握有关财务状况和经营成果的相互关系和变动趋势。图表的形式多种多样，包括柱状图、折线图、饼图等，可以直观地反映企业财务数据的变化情况，帮助企业及时发现并解决问题。这种方法需要结合具体的数据进行分析，通过观察图表的形状走势等特征，可以对企业的财务状况有一个较为直观的认识，帮助企业更好地进行财务管理与决策。

第二节　大数据背景下的财务分析

一、传统财务分析存在的问题

（一）财务分析的关注点出现偏差

对于企业的财务分析来说，其核心在于通过解读财务报表以及相关的财务信息，来评估企业的财务状况和经营绩效。然而，很多企业的财务分析人员在进行分析时，往往只关注财务数据本身，而忽视了对企业经营方式和生产方式的了解。这种做法使得财务分析的关注点出现了偏差，导致分析报告存在一定的问题，甚至缺乏实用性。

1．财务分析人员需要深入了解企业的经营模式和生产流程

企业的经营模式决定了其盈利模式和风险特点，而生产流程则直接影响到企业的成本控制和效率。如果财务分析人员不了解这些方面，就无法全面评估企业的财务状况和经营绩效。例如，一个以销售为主的企业可能更注重市场份额和销售额的增长，而一个以生产为主的企业可能更注重成本控制和生产效率的提高。只有了解企业的经营模式和生产流程，财务分析人员才能更准确地解读财务数据，并为企业提供有针对性的建议。

2．财务分析人员需要关注企业的产品或服务是如何生产和销售的

企业的产品或服务的特点、市场需求和竞争情况，可以帮助财务分析人员更好地理解企业的盈利能力和市场地位。例如，一个产品具有高附加值和独特性，可能能够带来更高的利润和市场份额；而一个产品面临激烈的市场竞争和价格压力，可能需要更多的成本控制和市场推广。只有了解企业的产品或服务，财务分析人员才能更准确地评估企业的财务状况和经营绩效。

3．财务分析人员还需要注意信息的可靠性和完整性

财务数据可能存在误导性或者不完整的情况，这可能导致分析结果出现偏差。因此，财务分析人员需要仔细审查财务报表和其他相关信息，确保其真实性和准确性。同时，他们还需要考虑到季节性因素、市场环境变化等因素的影响，以便更全面地评估企业的财务状况和经营绩效。

（二）财务分析方法出现差异

财务分析是企业决策的重要依据之一，它通过一系列专门的会计方法和数据分析技术，对企业的财务状况和经营绩效进行全面、客观的评价。然而，在实际操作中，由于各种因素的影响，很多企业的财务分析方法存在差异，导致分析结果出现偏差，这给企业的决策带来了一定的挑战。

会计方法的选择是导致财务分析方法出现差异的重要原因之一。不同的会计方法会对企业的财务状况和经营绩效产生不同的影响，因此，如果企业选择的会计方法不合适，就会导致财务分析结果出现偏差。例如，对于折旧的处理方式、对于收入的确认方式等，不同的会计方法会有不同的处理方式，这就会对企业的财务状况和经营绩效产生不同的影响。此外，随着企业会计准则的不断更新和修订，会计方法的选择也会发生变化，这也导致了财务分析方法的差异。

数据上存在的局限性也是导致财务分析方法出现差异的原因之一。财务分析人员在进行分析时，主要是对数据进行处理和分析，因此，数据的真实性和准确性对于分析结果的准确性具有重要影响。然而，在实际操作中，由于数据来源的不同、数据采集的误差等因素的影响，数据存在一定的局限性。例如，一些财务数据可能没有考虑到季节性因素、市场环境变化等因素的影响，这就会导致分析结果出现偏差。此外，数据的时效性也是影响财务分析结果的重要因素之一，如果使用过时的数据进行分析，也会导致分析结果出现偏差。

人为因素也是导致财务分析方法出现差异的原因之一。财务分析人员的专业素养和分析能力对财务分析结果的准确性也有着重要的影响。如果财务分析人员缺乏相关的专业知识和经验，就会导致分析结果出现偏差。此外，不同的人在进行财务分析时，可能会有不同的分析重点和方法选择，这也导致了财务分析方法的差异。

（三）财务分析过程中出现缺陷

在进行财务分析时，许多企业确实主要依赖财务比率分析法。这种分

析方法在揭示企业的财务状况和经营绩效方面具有一定的有效性，但同时也存在一些固有的缺陷。

比率分析法的局限性在于其所能提供的信息相对有限。尽管单个比率可以提供关于某一特定方面的信息，如偿债能力或盈利能力，但无法全面展现企业的整体财务状况和经营绩效。为了得出更准确的分析结果，往往需要计算和结合一系列的比率，从多个角度对企业进行全面的评估。这就需要企业在选择适当的比率时具备深入的理解和精准的判断，同时还要结合企业的实际情况进行选择。

比率分析法只能提供历史数据，无法反映未来的发展趋势。由于它基于过去的财务数据进行计算，因此无法直接揭示企业未来的经营状况和可能面临的风险。为了弥补这一缺陷，需要将比率分析法与其他分析方法相结合，如趋势分析或预测分析。通过这些方法，可以更好地预测企业的未来发展走势，从而为企业决策提供更有价值的参考信息。

比率分析法还存在一个关键问题，那就是它无法直接解决企业现存的问题。虽然比率分析可以为企业提供关于风险和业绩的指标，但它只能提供一种“标尺”的作用，无法直接解决企业的实际问题。为了真正解决企业的痛点和问题，需要结合其他财务和非财务信息进行综合分析和决策。这不仅需要财务部门提供准确的财务数据，还需要其他部门的配合以及管理层对各种信息的全面掌握和深入理解。

（四）财务分析报告形式单一

现有的财务分析报告往往过于依赖财务报表的分析，而忽略了其他财务和非财务信息的考虑。财务报表虽然能够提供关于企业财务状况和经营绩效的重要信息，但它们只是企业运营状况的一部分，无法全面反映企业的整体运营状况。其他财务和非财务信息，如市场环境、竞争状况、管理团队的能力等，同样对企业的运营和决策产生重要影响。因此，为了更全面地了解企业的运营状况，需要将财务报表分析与其他相关信息结合起来。

现有的财务分析报告往往只关注历史数据的分析和比较，而忽略了对企业未来发展趋势的预测和分析。历史数据固然重要，但企业需要更加关注未来的市场趋势和竞争环境，以便做出更加明智的决策。因此，财务分析报告不仅需要包括历史数据的分析，也需要对未来的发展趋势进行预测和分析。这需要企业具备强大的数据分析和预测能力，以及足够的洞察力和判断力，以便准确地把握市场趋势和竞争状况。

现有的财务分析报告往往只关注财务数据的分析和解释，而忽略了对企业实际运营状况的深入了解。财务数据只是企业运营状况的一部分，而且往往是被动的、滞后的。企业需要更加深入地了解实际运营状况，包括生产、销售、供应链管理等多个方面的情况。只有这样，才能更加全面地了解企业的运营状况，并作出更加明智的决策。这需要企业具备全面的管理和运营能力，以便更好地掌控各个环节的运营状况。

此外，现有的财务分析报告往往只关注企业内部数据的分析和比较，而忽略了与外部环境的联系和互动。企业需要更加关注外部环境的变化，包括政策法规、市场趋势、技术进步等，以便更好地适应和应对这些变化。因此，财务分析报告不仅需要包括对企业内部数据的分析和比较，也需要对外部环境进行深入的了解和分析。

当前，许多企业的财务分析报告的形式过于单一，缺乏足够的创新和灵活性。这种状况在一定程度上限制了财务分析报告的有效性和实用性。

现有的财务分析报告存在诸多不足，需要企业在实践中不断加以改进和完善。只有不断创新和优化财务分析报告的形式和内容，才能更好地满足企业决策和管理需要，为企业的发展提供有力的支持。

二、大数据对财务分析造成的影响

（一）有利影响

1．为财务分析提供了保证

大数据的应用为财务分析提供了强有力的保证。传统的财务分析往往只关注企业的内部数据和经营模式，但随着大数据技术的不断发展，企业可以更容易地获取并分析更多的数据，从而更全面地了解企业的运营状况和市场环境。

（1）大数据的应用扩大了财务分析的范围。以往，财务分析主要集中于企业的财务报表、经营数据和财务指标等方面，但这些数据只能反映企业的一部分运营状况。现在，通过大数据技术，企业可以获取和分析更多的数据，包括市场趋势、消费者行为、产品质量、员工绩效等非财务数据。这些数据能够提供更全面的信息，帮助企业更准确地了解市场和自身的运营状况，为决策提供更有价值的参考。

（2）大数据的应用促进了财务分析的多元化。在大数据的帮助下，企业可以同时处理和分析大量的数据，包括结构化和非结构化数据。这使得企业能够运用更为复杂的分析方法和技术，如数据挖掘、机器学习和人工智能等，来发现数据背后的规律和趋势。这种多元化的分析方式不仅可以提高财务分析的精度和深度，还能够发现更多的商业机会和潜在风险。

（3）大数据的应用还推动了财务分析的实时化。随着数据获取和存储技术的不断发展，企业可以实时获取大量的数据并进行分析。通过实时的财务分析，企业可以及时地获取市场信息和业务动态，以便迅速作出反应和调整。这种实时化的分析方式不仅可以提高企业的决策效率和竞争力，还能够更好地满足利益相关者的信息需求。

大数据的应用对财务分析产生了深远的影响，它不仅扩大了分析范围、促进了分析方式的多元化，还推动了分析的实时化。通过大数据的运用，企业可以更全面、准确地了解自身的运营状况和市场环境，为制定科学合理的战略目标提供有力的支持。

2．为财务分析建立了数据库

随着计算机的逐渐普及，更多的行业进入了信息化发展阶段。从大量的数据资源中获取自己感兴趣的数据。

通过建立数据库，企业能够更好地进行产品分析。通过对消费者的习惯和心理特点进行分析，企业可以了解消费者的购买偏好和需求，从而有针对性地推出新产品或改进现有产品。这有助于提高产品的市场竞争力，增加销售额和市场份额。

数据库的建立可以帮助企业滞销货的销售。通过对历史销售数据的分析，企业可以了解哪些产品滞销以及滞销的原因。然后，企业可以根据这些信息采取相应的措施，如降价促销、重新包装或重新定位等，以促进滞销货的销售。这有助于减少库存积压，提高资金周转率，从而提升企业的经济效益。

数据库的建立还可以为企业的发展提供指导。通过对市场趋势、竞争对手和消费者需求的分析，企业可以制定合理的发展战略和营销策略。数据库中的数据分析结果可以作为决策的依据，帮助企业做出明智的经营决策，提高企业的竞争力和盈利能力。例如，企业可以通过对市场数据的分析，了解市场的发展趋势和竞争态势，然后根据这些信息调整产品定位、渠道选择和市场推广策略，以适应市场的变化并保持竞争优势。

建立数据库是企业在信息化发展阶段的重要任务之一，企业可以进行产品分析、滞销货的销售和制定发展战略等方面的工作，从而提升企业的经济效益和竞争力。

3. 强化了财务分析的准确性

在传统的财务分析中，主要依赖人工记账的方式来进行数据的记录和整理。然而，这种方式存在一些明显的局限性。由于人工操作的主观性和局限性，记录的数据可能存在误差或遗漏，而且通常只能对一些主要的信息进行简单的记录，对于更详细和全面的信息无法充分获取和整理。这可能导致财务数据的准确性受到影响，从而影响企业的决策和发展方向。此外，传统财务分析方法还存在信息不全面的问题。由于数据来源和存储的限制，传统财务分析通常只能提供有限的历史数据和财务报表信息。这些数据只能反映企业的一部分运营状况，对于市场环境、竞争状况、消费者行为等重要信息缺乏全面的了解。这可能导致企业在决策时缺乏足够的信息支持，从而影响决策的准确性和效果。

随着大数据技术的引入，财务分析得到了显著的提升。大数据技术通过强大的计算和存储能力，可以高效地处理和存储大量的数据，包括结构化和非结构化的数据。这为财务分析提供了更全面的数据支持。通过大数据分析，企业可以获取更加准确和全面的财务数据，从而更好地了解自身的运营状况和市场环境。大数据技术还促进了财务分析的实时化。企业可以实时地获取并分析数据，及时地掌握市场动态和业务情况。这种实时的财务分析可以更好地指导企业的决策和战略调整，提高企业的竞争力和适应能力。通过实时分析，企业可以及时发现市场变化和业务机会，迅速作出反应和调整。这种快速响应能力不仅可以提高企业的竞争力，还可以更好地满足利益相关者的需求。此外，大数据的应用还推动了财务分析的共享模式。通过共享模式，企业内部的各个部门和员工可以更加便捷地获取和分析财务数据。这种共享模式不仅可以提高工作效率，还可以促进各部门之间的协作和沟通。通过共享财务数据和分析结果，各部门可以更好地理解企业的运营状况和发展方向，从而更好地协同工作并实现共同的目标。

大数据技术在财务分析中的应用，不仅提供了更全面的数据支持，还提高了数据的准确性和实时性。同时，大数据的应用也推动了财务分析的共享模式，促进了企业内部协作和沟通。这些改进不仅可以提高企业的决策效率和竞争力，还可以更好地推动企业的发展方向和战略目标的实现。

（二）不利影响

1. 减缓了财务分析的速度

大数据的规模庞大，包含了海量的数据。企业需要投入大量的人力和技术资源来收集、整理和清洗这些数据，以确保数据的准确性和完整性。这个过程可能需要花费较长的时间，从而延缓了财务分析的进程。此外，大数据的质量和准确性也可能受到影响，因为数据的来源和类型各不相同，可能存在数据错误、缺失或重复的情况。这需要额外的步骤来检查和纠正数据，以确保分析结果的可靠性。

对大数据进行分析需要使用复杂的算法和模型。这要求企业拥有专业的数据分析团队或合作伙伴。在招聘和培养这样的人才方面，企业需要投入一定的时间和资源。此外，选择合适的算法和模型也需要一定的时间和精力。不同的企业和行业可能需要采用不同的方法来分析大数据，以获得最佳的分析结果。

大数据的分析结果通常以可视化的形式呈现，以便更好地理解和利用数据。这需要设计和开发相应的报告和仪表盘，这也需要一定的时间和资源投入。可视化报告和仪表盘的设计与开发需要专业的技能和知识，以确保结果易于理解和使用。

尽管大数据的普及和应用可能会减缓财务分析的速度，但随着技术的不断进步和方法的不断优化，这种情况有望得到改善。企业可以采取一些措施来提高大数据分析的效率和质量，如采用更高效的数据处理技术、优化算法和模型、提高数据质量等。同时，也可以根据企业的实际情况来制定相应的解决方案，以平衡速度和质量的关系。对于企业而言，重要的是认识到大数据在财务分析中的重要性，并积极探索和应用相关技术和方法，以获得更全面、准确和及时的分析结果。

2. 加大了财务分析的难度

在大数据时代，财务分析的难度确实比传统方法要大得多。这主要是由于以下几个原因造成的。

（1）数据量的巨大是一个重要的挑战。大数据时代意味着数据的数量和种类都大大增加。传统的数据处理和分析方法往往无法应对如此大规模的数据，需要采用更先进的技术和工具。企业需要投入大量的资源来建立和维护高效的数据存储和处理系统，以满足对数据的实时需求。同时，企业还需要掌握相关的数据分析技术和方法，以从庞大的数据中提取有价值的信息。

（2）数据质量的不确定性也是一个挑战。大数据时代的数据来源多种多样，包括社交媒体、传感器、日志文件等。这些数据的质量往往参差不齐，存在大量的噪声和冗余信息。企业在处理和分析数据时需要更加谨慎和精准，以避免得出不准确的分析结果，从而误导企业的决策。因此，企业需要建立有效的数据质量管理机制，确保所使用的数据准确可靠。

（3）数据分析的复杂性也是一个挑战。在大数据时代，数据的结构和关联性往往更加复杂。传统的财务分析方法可能无法全面地揭示数据的内在关系和趋势，需要采用更复杂的数据分析技术和方法，如数据挖掘、机器学习等。这要求企业不仅要具备基本的财务分析能力，还需要掌握相关的数据科学知识和技能。因此，企业需要培养和吸引具备相关背景的人才，以应对数据分析的挑战。

（4）数据安全和隐私问题也是一个重要考虑因素。大数据涉及大量的敏感信息，如客户资料、交易数据等。保护数据安全和隐私成为企业在处理和分析大数据时必须面临的问题。企业需要加强内部的数据安全管理和技术防护，采取适当的措施来防止数据泄露和滥用。同时，企业还需要遵守相关的法律法规和道德规范，确保数据的合法使用和保护用户的隐私权益。

大数据时代对企业的财务分析提出了更高的要求和挑战，企业只有克服这些挑战，才能更好地利用大数据进行财务分析，从而更好地指导企业的决策和发展。

第三节　大数据助力企业财务分析能力提升

一、大数据环境下企业财务分析能力提升的表现

（一）同业对比更为客观

同业比较分析是一种将企业与同行业、同领域的竞争对手进行比较分析的方法，通过这种分析可以了解企业在同行业中的财务状况和经营情况，并判断其竞争优势和劣势。由于所有公司的经营都会受到行业发展情况和宏观经济形势的影响，因此处在行业内的每一个企业的财务状况都不会严重偏离该行业的发展水平均值。通过将一家企业的财务数据和财务指标与行业均值或行业高值进行对比，可以找出其中的差异，并找到对公司经营情况和财务状况分析调查的重点。

过去，财务分析主要集中在企业内部分析，主要依赖对财务报表的深入解读和比较。然而，随着数据获取和分析技术的不断发展，以及大数据时代的到来，财务分析的视角和方法也在逐渐发生改变。采用大数据财务分析平台，可以将企业内部财务数据与外部的行业数据、宏观经济数据进行综合分析，将企业的财务状况和经营情况放在更广泛的环境中加以考虑，从而更全面地了解企业的财务状况和经营情况。通过大数据技术，可以实现大规模的数据采集和存储，从各种不同的渠道获取数据，并将其整合到一个平台上。这些数据包括企业的财务数据、行业数据、宏观经济数据等，也包括市场调研、竞争对手分析等各种来源的数据。通过统一的分析和挖掘，可以提取出更多有用的信息，帮助企业进行更全面的分析和决策。

在进行同业比较分析时，主要采取以下步骤。

第一步是找出同业比较企业。同业比较企业的选择对分析结果的准确性有着至关重要的影响。运用大数据技术可以获取海量企业的数据，但是由于数据的价值性较低，首先需要在财务分析平台中导入行业分类标准作为选择条件，利用已构建的大数据财务分析平台进行知识数据的采集。然后根据公司主营业务或者主营业务收入占比大的业务，进行行业细分，从中准确地筛选出需要的企业，即为同业比较的对象，再对选中的企业进行业务数据的采集。

第二步是对获取的数据进行分析整合。获取的数据已经存入企业的大数据平台，将结构化数据、半结构化数据和非结构化数据分别存入相应的数据仓库，对这些数据进行价值挖掘，通过指标分析结合对比分析等方法得出国内外同业企业的最高值、最低值与平均值，再与企业的指标进行比较分析，找出企业同国内外其他同业企业之间的差距。这种差距可能体现在盈利能力、偿债能力、运营能力等多个方面。通过深入的分析，可以发现企业在这些方面的优势和劣势，从而有针对性地进行调整和改进。

第三步是对分析结果输出并加以利用。结果的显示可以是动态立体模式，这种呈现方式可以更加直观地展示企业的财务状况和经营情况，有助于管理者做出更加明智的决策。同时，利用大数据平台的预测分析功能，还可以在改变企业某一个因素的时候实时模拟企业的财务状况变化。这种模拟可以帮助企业预测未来的趋势和可能的风险，从而更好地制定战略规划和经营决策。

（二）宏观对比更为全面

企业建立的财务分析平台是基于大数据技术的基础上，利用平台的网页挖掘技术进行网络信息抓取与挖掘，从而实时监测宏观环境的变化。通过大数据技术，企业可以采集各种宏观数据，包括政府政策、经济环境、社会环境和科学技术等方面的数据。

1．政府政策数据

企业可以通过平台采集每个行业相关的政策信息，包括行业的规章制度、安全交易管理、市场服务规范、知识产权维护、客户信息保护等。这些政策信息可以帮助企业及时了解行业监管要求，规范企业自身的经营行为。此外，通过对政策变化的监测和分析，企业还可以预测未来政策的走向，为企业的战略决策提供参考。

2．经济环境数据

企业可以通过平台获取国内外相关的宏观经济运行情况，包括国内生产总值、利率、汇率、通货膨胀率等指标。这些数据可以帮助企业了解整体经济环境的变化趋势，预测市场需求的走势。同时，通过对经济数据的深入分析，企业还可以了解不同地区和行业之间的差异，为企业的市场定位和资源配置提供依据。

3．社会环境数据

企业可以通过平台采集人口环境方面的数据，包括人口规模、年龄结构、人口分布、收入、消费水平等。这些数据可以帮助企业了解目标市场的需求和消费特点，从而制定更加精准的市场营销策略。此外，通过对社会环境的监测和分析，企业还可以了解消费者的行为和偏好变化，为企业的产品创新和品牌建设提供指导。

4．科学技术数据

企业可以通过平台获取国内外最新的科技成果和行业领先的生产和经营技术信息。这些数据可以帮助企业及时了解行业的技术发展趋势，为企业技术创新和升级提供支持。同时，通过对科技数据的分析和评估，企业还可以确定自身的技术优势和劣势，为企业做出技术合作和研发投入决策提供支持。

通过大数据技术从特定类型的网站抓取以上相关信息后，企业可以对获取的数据进行主题分类和标签化处理，以便决策者调用参考。这样可以使企业的财务分析更加全面和多元化，将各种宏微观因素综合考虑和分析，从而提高管理者的决策效率和有效性。同时，企业还可以利用大数据技术进行数据挖掘和预测分析，发现潜在的风险和机会，为企业战略规划和决策提供更加科学和可靠的支持。

（三）微观分析更加精细

微观分析主要是针对企业内部运营情况和外部市场环境的深入剖析。在大数据时代，通过大数据技术的运用，微观分析能够更加精细、全面和深入。

1. 市场分析

市场分析是微观分析的重要组成部分，它可以帮助企业了解市场规模、市场增长趋势以及行业发展趋势等关键信息。利用大数据技术，企业可以从财经类网站、金融公司、证券公司、市场研究公司、投资机构网站等渠道获取相关信息，进而对市场进行深入的分析和研究。例如，企业可以通过大数据技术抓取这些网站的信息，获取行业内的市场占有率、销售额、利润率等数据，进而对市场规模和增长趋势进行分析。同时，通过对这些网站的信息进行深度挖掘，企业还可以了解行业内的重要新闻、政策变化以及行业专家的观点和看法，进而对行业发展趋势进行分析和预测。

2. 竞争对手分析

竞争对手分析是微观分析中的重要环节。通过对竞争对手的深入了解和分析，企业可以更好地掌握自身的竞争地位和优势。利用大数据技术，企业可以从多个方面对竞争对手进行全方位的分析。首先，企业可以通过大数据技术从竞争对手的官方网站、微博、微信平台等渠道获取产品及销售情况的信息。这包括竞争对手的产品种类、价格、销售渠道、营销策略等。其次，企业还可以从技术论坛、专利查询网站等渠道了解竞争对手的研发能力和专利情况，进而对其技术实力进行分析。此外，通过从招聘网站获取人才变动信息，企业可以了解竞争对手的组织结构变动和生产经营能力等方面的信息，进而制定更加精准的市场策略和竞争策略。

3. 目标客户分析

目标客户分析是微观分析中的关键环节之一，它可以帮助企业了解客户的喜好、年龄结构、地区分布、收入情况、消费能力等数据，进而制定更加精准的市场推广策略和销售策略。利用大数据技术，企业可以从多个渠道获取客户信息，进而对客户进行深入的分析和研究。例如，企业可以通过大数据技术从购物网站、手机客户端、社交媒体等渠道获取用户信息，包括用户的购买行为、浏览行为、评价行为等。通过对这些数据的分析和挖掘，企业可以了解用户的喜好和消费能力等信息，进而对市场进行细分和定位。同时，企业还可以利用大数据技术对客户进行分类，根据不同类型的客户制定不同的市场推广策略和销售策略，提高企业的营销效果和盈利能力。

4. 供应商分析

供应商分析是微观分析中的另一个关键环节。通过对供应商的选择和分析，企业可以更好地掌握自身的成本费用和供应链情况。利用大数据技术，企业可以获取全球范围内的供应商信息，并利用财务分析平台进行对比分析，选择最适合企业的供应商。例如，企业可以通过大数据技术从电子商务网站、行业协会网站等渠道获取供应商信息，包括供应商的品牌、产品种类、价格、质量等信息。通过对这些信息的分析和对比，企业可以了解供应商的实力和优势，进而选择最适合自身的供应商进行合作。同时，利用大数据技术还可以对供应商进行分类和管理，对不同类型的供应商制定不同的合作策略和控制措施，提高企业的供应链管理和成本控制能力。

（四）深层分析更加科学

随着大数据技术的不断发展，企业财务分析的深度和广度得到了进一步的拓展和提升。利用大数据技术，企业可以更加科学地进行深层分析，从多个角度对财务数据和信息进行全面、细致、深入的分析和研究。

1. 从结果分析深入到过程分析

传统的财务分析往往只关注财务报表和会计资料，对历史数据进行事后分析，而忽略了事前和事中的管控。这种结果导向的分析方式往往只能了解历史数据的成果，无法深入了解财务数据的生成过程和影响因素，也无法及时发现潜在的风险和机会。

利用大数据技术，企业可以将财务分析的范围扩展到全过程，从结果分析深入到过程分析。通过对历史数据的挖掘和分析，企业可以了解财务数据的生成过程和影响因素，发现数据背后的规律和趋势。例如，通过分析企业的销售数据，企业可以了解销售量的影响因素，如产品类型、价格、促销活动等，进而深入了解消费者的购买行为和需求，为产品的研发和营销策略的制定提供有力的支持。同时，通过大数据技术，企业还可以实现实时分析，对不断更新的数据进行及时捕捉和分析，迅速响应市场变化和企业需求。例如，通过实时监测产品销售数据和市场趋势数据，企业可以及时调整生产和营销策略，提高市场响应速度和盈利能力。

通过从结果分析深入到过程分析，企业可以更好地了解财务数据的生成过程和影响因素，发现数据背后的规律和趋势。同时，通过实时分析，企业可以及时发现潜在的风险和机会，为决策的制定和管理水平的提升提供有力的支持。这种更加科学、全面的财务分析方式可以帮助企业更好地掌握市场动态和企业运营情况，提高企业的竞争力和可持续发展能力。

2．从单一分析扩展到全面分析

传统的财务分析主要关注财务报表和会计资料，对于企业的经营情况和竞争地位的分析较为有限。然而，随着大数据时代的到来，企业可以利用大数据手段获取大量的内外部非财务数据，如市场数据、行业数据、竞争对手数据等，从而将财务分析的范围扩展到更广泛的领域。

通过对这些数据的整合和分析，企业可以从多个角度了解自身的经营情况和竞争地位。首先，通过分析市场趋势和竞争对手的销售数据，企业可以了解市场需求的变化和竞争格局的演变。这有助于企业更好地定位自己的产品，并制定相应的市场策略。例如，如果发现某个市场细分领域的需求增长迅速，企业可以及时调整产品的定位和营销策略，以抢占市场份额。通过对内部生产数据的分析，企业可以了解生产效率和质量控制等方面的情况。通过对生产过程中的数据进行监测和分析，企业可以及时发现生产过程中的问题和瓶颈，并采取相应的措施进行优化。同时，通过对产品质量数据的分析，企业可以了解产品的质量问题和改进的方向，提升产品的竞争力。此外，大数据还可以帮助企业进行客户行为分析。通过对客户的购买记录、消费习惯等数据进行分析，企业可以了解客户的需求和偏好，从而提供更加个性化的产品和服务。同时，通过对客户流失数据的分析，企业可以了解客户流失的原因，并采取相应的措施挽留客户。

3．从阶段分析具体到实时分析

传统的财务分析往往基于阶段性报告，如月报、季报和年报，这种方式无法及时捕捉市场变化和企业运营的实时情况。随着市场竞争的加剧和商业环境的快速变化，这种滞后性的分析方式已经无法满足企业的需求。

利用大数据技术，企业可以实现实时分析，对不断更新的数据进行及时捕捉和分析，迅速响应市场变化和企业需求。通过实时监测产品销售数据和市场趋势数据，企业可以及时了解市场动态和消费者需求，进而调整生产和营销策略，提高市场响应速度。例如，通过实时分析产品销售数据，企业可以了解各产品的销售情况，及时调整库存和物流计划，以满足市场需求。同时，通过对市场趋势数据的分析，企业可以了解消费者的购买行为和需求，为产品的研发和营销策略的制定提供依据。

通过实时分析，企业可以及时发现潜在的风险和机会，为决策的制定提供及时的依据。掌握市场动态和企业运营情况。同时，实时分析还可以为企业提供更加全面、细致、深入的财务分析报告，为企业的决策和管理提供更加科学、准确的支持。

（五）未来预测更为准确

在传统的财务分析中，企业主要依赖历史数据进行分析和决策。然而，要实现企业的长远发展，需要具备更为长远的视野。大数据技术的应用可以帮助企业更好地分析海量数据之间的关系，预测人的行为，并从这些行为中计算出可能做出的决策概率，提高企业财务预测的有效性。

利用大数据技术，企业可以快速准确地预测未来的发展趋势。例如，通过分析消费者的购买行为和偏好，企业可以预测未来一段时间内产品的销售趋势，从而制订更为精准的生产和营销计划。此外，大数据技术还可以帮助企业识别潜在的市场机会和风险，为企业的决策提供更为可靠的支持。以目标客户预测分析为例，互联网时代每个人在网络上留下的足迹都被记录下来，这些信息在一定程度上代表了用户的关注内容和消费喜好。企业可以通过进一步的分析获取影响企业未来发展的信息。

二、大数据环境下企业财务分析能力提升的策略

大数据时代财务分析的目标是深入挖掘数据价值，为企业的决策提供依据。那么在大数据时代企业如何才能真正实现新时代企业财务分析的转型，可以从以下几个方面来变革。

（一）思想层面

在大数据时代，企业需要转变传统的思维模式，树立大数据应用理念，以适应市场的变化和竞争的需求。管理层对大数据的应用需要有一个清晰的认识，了解大数据技术的优势和应用价值，从而推动企业在大数据领域的发展。

首先，企业需要认识到大数据时代的到来已经改变了传统企业数据分

析的方式。在以往，企业主要依靠历史数据和经验来进行决策判断，但这种方式已经无法满足现代市场竞争的需求。大数据技术的应用可以帮助企业更好地分析市场趋势和消费者需求，预测未来的市场变化，从而制定更为精准的决策。其次，管理层需要了解大数据技术的优势和应用价值。大数据技术可以帮助企业更好地收集、处理和分析海量数据，发现数据背后的规律和趋势，提高企业的决策效率和准确性。同时，大数据技术还可以帮助企业更好地了解市场趋势和消费者需求，优化产品和服务，提高市场竞争力。

要让管理层充分认识到大数据的潜在价值并不容易。目前仅有部分企业开始尝试利用大数据进行商业模式的创新和优化。其中除了对新技术不熟悉、数据处理和分析的能力不够之外，很大程度上还因为管理层对传统数据分析的惯性思维和对新事物的不适。因此，要树立大数据应用理念，企业需要从上至下进行思想层面的转变和升级。

企业可以采取以下措施来提升财务人员的数据化分析与处理思维，推动企业大数据财务分析的发展。

（1）加强大数据知识的宣传和培训。通过定期举办大数据知识讲座、培训等方式，提高企业管理层和其他员工对大数据技术的认知水平，使他们能够更好地理解和应用大数据技术。

（2）建立大数据战略。企业应该将大数据作为未来发展的重要战略之一，制定具体的大数据应用计划和目标，并纳入企业的整体战略规划。同时，企业还应该设立专门的大数据部门或团队，负责推进大数据技术的应用和发展。

（3）推动财务分析的转型。企业财务人员需要转变分析思维，重视大数据并将之运用到实际的财务分析工作中。例如，通过大数据技术对历史数据和实时数据进行深入分析和挖掘，发现数据背后的规律和趋势；实现财务数据的可视化，将财务数据以直观、易懂的形式呈现给管理层和决策者；结合业务进行财务分析，将财务分析工作和企业的业务运营紧密结合等。

（4）培养大数据人才。大数据技术的应用和发展需要有一支高素质的人才队伍支撑。企业可以通过引进外部优秀人才和内部培养相结合的方式，培养一批具备大数据技术、财务管理、业务运营等多方面知识和能力的人才队伍。

在大数据时代，企业需要转变思维模式，树立大数据应用理念，从管理层到执行层都需要重视大数据的应用和发展。只有这样，才能更好地适应市场的变化和竞争的需求，实现企业的可持续发展。

（二）数据层面

1．扩充数据量和拓宽信息来源

在大数据时代，企业的财务分析需要进行更多的数据收集和更广泛的信息来源。扩充数据量和拓宽信息来源是企业在财务分析方面适应大数据时代的必要步骤。

扩充数据量不仅是增加数据的数量，更是提高数据的种类和质量。传统的财务分析主要关注财务报表和财务指标，如收入、支出、成本等。然而，在大数据时代，财务数据的范围已经扩展到包括企业的所有业务活动和人员行为。这意味着企业需要收集和分析更多的数据，包括销售数据、生产数据、人力资源数据等。通过扩大数据收集的范围，企业可以更全面地了解自身的经营情况和财务状况。

拓宽信息来源对于企业的财务分析来说也至关重要。除了财务数据之外，企业还需要从其他渠道获取信息。这些信息可以帮助企业更好地了解市场和行业情况，从而作出更明智的决策。此外，通过拓宽信息来源，企业还可以获得更多的洞察力，发现新的商业机会和潜在风险。

为了实现扩充数据量和拓宽信息来源的目标，企业需要采取一些具体的措施。

（1）建立完善的数据收集和分析系统。这个系统应该能够自动地收集和分析大量的数据，包括财务数据和其他来源的数据。通过引入先进的数据处理技术和工具，企业可以更好地处理和分析大量的数据，从而获得更深入的洞察力。

（2）引入更多的数据分析人才。具备专业知识和技能的数据分析人才可以帮助企业更好地处理和分析数据，从而获得更准确的洞察力。此外，数据分析人才还可以帮助企业更好地理解市场和行业情况，发现新的商业机会和潜在风险。

（3）加强与其他企业和机构的合作。通过与其他企业和机构合作，企业可以获得更多的数据和信息来源，从而更好地了解市场和行业情况。此外，通过与其他企业和机构合作，企业还可以共享资源和知识，共同开发新的技术和产品，提高数据处理和分析的效率和质量。

（4）加强对数据安全和隐私保护的管理。在收集和分析大量数据的同时，企业需要确保数据的安全和隐私保护。这可以通过采取严格的数据安全措施和制定完善的数据保护政策来实现。

通过扩充数据量和拓宽信息来源，企业可以获得更全面、更准确的信息，从而做出更明智的决策。这不仅可以提高企业的竞争力和盈利能力，还可以帮助企业更好地适应市场变化。因此，扩充数据量和拓宽信息来源是企业在大数据时代进行财务分析的重要趋势之一。

2．建立财务数据仓库

在大数据时代，企业面临着海量的财务数据和复杂的业务环境，需要建立财务数据仓库以更好地管理和利用财务数据。财务数据仓库是一个专门的数据存储和分析系统，可以有效地存储、管理和分析海量财务数据，为企业提供更准确、更及时的财务信息。

建立财务数据仓库需要将企业的历史数据、实时数据和其他相关数据整合在一起。这些数据不仅包括企业的财务报表、凭证、税务申报表等传统财务数据，还包括企业的其他业务数据，如销售数据、生产数据、人力资源数据等。通过将不同来源的数据整合在一起，企业可以更全面地了解自身的财务状况和经营情况。

财务数据仓库需要对数据进行标准化和规范化。标准化是指对数据进行清洗、整理和规范化的过程，以确保数据的准确性和一致性。规范化是指对数据进行分类、编码和格式化的过程，以提高数据的可读性和可用性。通过标准化和规范化数据，企业可以更好地管理和分析数据，并且可以更轻松地与其他企业进行数据交换和共享。此外，标准化和规范化还可以提高数据的可读性和可用性，使得不同部门和人员能够方便地使用和理解财务数据。在实现标准化和规范化的过程中，企业需要考虑以下几点：数据清洗，即对不完整、错误或重复的数据进行清理和修正，以确保数据的准确性和一致性；数据整理，即将不同来源的数据进行分类、排序和归纳整理，以方便后续的数据分析和利用；数据规范化，即制定统一的数据规范和标准，如编码规则、数据格式、指标定义等，以确保数据的可读性和可用性。

财务数据仓库需要具备强大的查询和分析功能。企业可以通过查询和分析功能快速获取所需的财务信息，如财务报表、指标分析、趋势预测等。此外，财务数据仓库还可以实现与其他系统的集成和对接，如 ERP、CRM 等，从而为企业提供更全面、更准确、更及时的财务信息。通过查询和分析功能，企业可以深入了解自身的财务状况和经营情况，发现潜在的问题和机会，并作出相应的决策和调整。在实现查询和分析功能的过程中，企业需要考虑以下几点：数据查询，即提供方便快捷的数据查询功能，支持多种查询方式和筛选条件，以满足不同部门和人员的需求；数据分析，即提供强大的数据分析功能，包括财务报表分析、指标分析、趋势预测等，以帮助企业更好地了解自身的财务状况和经营情况；数据可视化，即通过图形化手段将数据呈现出来，如报表、图表等，以提高数据的可读性和理解度；数据挖掘，即利用数据挖掘技术对海量数据进行深入挖掘和分析，以发现潜在的问题和机会，为企业的决策提供有力支持。

通过建立财务数据仓库，企业可以更好地管理和利用财务数据，提高财务管理效率和准确性。同时，财务数据仓库还可以为企业提供更全面的业务洞察力，帮助企业做出更明智的决策。例如，通过对销售数据的分析，企业可以了解市场需求和消费者行为，从而调整产品策略和营销策略；通过对生产数据的分析，企业可以了解生产效率和产品质量情况，从而优化生产流程和提高产品质量；通过对人力资源数据的分析，企业可以了解员工结构和人才需求情况，从而制定更加合理的人力资源政策和招聘计划。

3．改革数据处理方式

在大数据时代，随着技术的不断进步和业务需求的日益复杂，财务数据的处理方式也需要不断进行改革和创新。传统的数据处理方式，如纯手工做账和会计电算化处理，已经无法满足现代企业的需求。因此，网络化处理和自动化分析成了新的发展趋势。

首先，随着数据量的不断增加和业务需求的多样化，网络化处理成为财务数据处理的重要方式。通过网络技术，可以实现数据的实时传输、在线分析和远程监控，从而提高了数据处理的速度和效率。此外，网络化处理还可以实现数据的共享和整合，促进企业内部各部门之间的协作和信息交流，有利于企业整体运营效率的提升。通过建立财务数据仓库，企业可以集中存储和管理财务数据，并利用数据分析工具进行实时的数据分析和决策支持。这种集中式的数据存储和管理方式可以更好地满足企业的数据需求，提供更准确、更及时的数据支持。

其次，自动化分析也是大数据时代财务数据处理的重要方向。通过引入先进的算法和模型，可以对海量的财务数据进行自动化分析，从而快速地获取有价值的信息。自动化分析不仅可以提高数据分析的准确性，还可以减少人工干预的错误和遗漏，使数据分析更加客观和可靠。例如，利用机器学习算法可以对财务数据进行预测和趋势分析，帮助企业做出更准确的决策。这种自动化分析方式可以更好地满足企业对数据分析和决策支持的需求，提高企业的竞争力和运营效率。

再次，要实现网络化处理和自动化分析，企业需要具备相应的技术实力和人才支持。因此，企业需要加强技术研发和创新，引进先进的财务软件和工具，提高数据处理和分析的技术水平。同时，企业还需要加强人才培养和引进，提高财务人员的专业素质和技能水平，以满足新时代的业务需求。这种技术实力和人才支持是实现网络化处理和自动化分析的关键因素，可以为企业带来更多的竞争优势和商业价值。

最后，为了提高财务数据处理的准确性和及时性，企业还需要建立完善的数据质量管理体系。通过对数据进行清洗、整理和校验，确保数据的准确性和完整性；通过建立数据标准和控制机制，防止数据泄露和滥用；通过定期对数据进行备份和维护，保证数据的安全性和可靠性。此外，企业还应加强对数据的监控和管理，及时发现和解决数据质量问题，确保财务数据的可信度和可用性。这种数据质量管理体系可以提高企业的数据质量和管理水平，为企业带来更多的商业机会和发展空间。

（三）技术层面

为了实现财务数据处理方式的变革，我们需要在技术层面进行深入的改革和创新。我们需要建立全新的大数据财务分析平台，该平台应建立在云计算的基础上，以实现高效、快速、可靠的数据处理和分析。云计算和大数据是相辅相成的两项技术，通过运用云计算的模式，我们可以开发出适用于大数据的程序，使得多种形式的财务数据的处理成为可能。

首先，我们需要对硬件和软件技术进行改革。这包括完善云计算平台制度，发展云端技术在财务领域的应用。通过优化硬件和软件技术，我们可以提高数据处理的速度和效率，同时也可以实现更准确的分析结果。例如，引入高速存储设备和分布式计算架构，可以加快数据的读取和处理速度；采用先进的数据分析算法和模型，可以提高数据的准确性和可靠性。

其次，在政府对大数据的大力支持和技术人员的带动下，行业内应建立统一的财务数据挖掘和信息分析系统。这种系统可以实现对财务数据的集中管理和分析，从而提高数据的质量和可靠性。同时，通过统一的数据挖掘和分析系统，我们还可以更好地实现数据的共享和整合，促进企业内部各部门之间的协作和信息交流。例如，建立统一的数据采集接口和数据仓库，可以实现不同部门之间数据的共享和交换；利用数据挖掘和机器学习技术，可以发现隐藏在数据中的规律和趋势。

最后，国家应制定统一的数据的输入、存储和输出相关技术标准，企业应按照标准执行。这种统一的标准可以确保数据的规范性和可靠性，从而更好地支持企业的决策和分析。例如，制定统一的数据格式和编码规范，可以避免数据在不同系统之间的不兼容问题；建立统一的数据安全和隐私保护机制，可以保障数据的安全性和可信度。

理想中的财务大数据信息平台应具备以下功能。

（1）实现各种财务数据的收集和转换。在大数据时代，财务数据处理的第一步是实现各种财务数据的收集和转换。财务数据，包括历史的和即时的，结构化的和非结构化的，这些数据可能来自不同的系统和平台，格式也可能各不相同。数据处理平台需要具备强大的数据集成能力，能够将各种来源和格式的数据整合在一起，并进行必要的转换和清洗，以备后续的数据处理和分析使用。这个过程需要建立完善的数据采集、传输和转换机制，确保数据的准确性和完整性。同时，我们还需要加强对数据的分类和标签化，以便更好地管理和查询数据。

（2）能够针对不同企业的需求构建不同的处理方案。由于不同企业有着不同的业务需求和特点，因此，数据处理平台需要具备灵活的配置能力，能够针对不同企业的需求构建不同的处理方案。这意味着需要对平台进行个性化的设置和配置，以满足不同企业的特定需求。为了实现这一目标，需要对平台的功能进行模块化和可配置化设计，使得用户可以根据自己的需求选择和组合不同的功能模块。同时，还需要提供丰富的配置选项和参数设置，让用户可以根据自己的业务需求进行灵活的配置和调整。

（3）实现在同一数据协议下多源异构分布式数据的处理。在大数据时代，数据的来源和格式各不相同，需要实现在同一数据协议下多源异构分布式数据的处理。这意味着需要将不同企业、多种结构、不同格式的数据汇集到一个平台进行处理，以实现对大量数据的集中管理和分析。为了实现这一目标，需要建立统一的数据模型和数据处理流程，对各种来源和格式的数据进行规范化和标准化处理。同时，还需要采用先进的数据存储和计算技术，如分布式文件系统、分布式数据库和分布式计算框架等，以提高数据处理的速度和效率。

（4）支持以多种方式运行的功能的使用。为了满足不同用户的需求和技术水平要求，数据处理平台需要支持以多种方式运行的功能的使用。这意味着用户可以通过代码、插件、流程、脚本、模块、数据库等方式来使用平台的功能。为了实现这一目标，需要提供多样化的功能接口和工具，如命令行界面、图形用户界面、API 接口等，以便用户可以根据自己的需求和技术水平选择合适的使用方式。同时，还需要提供丰富的插件和扩展机制，以便用户可以根据自己的需求进行个性化的功能扩展和定制。

（5）可以根据应用环境的变化，迅速搭建平台对功能做出调整。随着业务需求和应用环境的变化，需要数据处理平台能够根据应用环境的变化，对功能做出调整。采用柔性结构设计，使得平台可以随着应用环境的变化而灵活调整和扩展。为了实现这一目标，需要采用模块化设计思想和微服务架构，将平台的功能拆分成多个独立的模块和服务，以便根据需要进行灵活的组合和扩展。同时，还要提供强大的配置管理和版本控制功能，以便用户可以根据自己的需求进行灵活的功能配置和控制。

（四）信息层面

1．更新企业组织结构

大数据时代，企业的组织结构也需要进行适应性的变革。组织结构不仅是企业正式成立的框架体系，更是用于分配、整合和协调工作任务的关键因素。对于企业的财务管理而言，设计合理的组织结构至关重要。这不仅关乎企业的运营效率，更直接影响企业的战略决策。企业财务管理组织结构的设计，首先应考虑到企业的性质和经营规模。比如，大型企业往往业务范围广泛，人员众多，因此其财务组织结构需要更为精细和复杂。而对于中小型企业，其业务范围和人员规模相对较小，因此可以采用更为简洁和灵活的组织结构。此外，行业特点和整体的组织形式也是影响财务组织结构设计的重要因素。例如，对于制造业企业，由于其业务流程较长，涉及的部门和人员较多，因此需要设置更为细致的组织结构，如资金部、会计部和财务部等。而对于一些新兴的高科技企业，由于其业务模式较为简单，人员规模相对较小，因此可以采用更为扁平化的组织结构。

传统的企业财务组织结构虽然能够满足基本的财务管理需求，但在大数据时代，这种结构往往无法充分发挥大数据的价值。因此，在大数据时代，企业的组织结构应进行如下几方面的变革：

首先，财务管理组织结构内部应增设专门负责大数据信息开发平台的部门。这个部门将负责研发和运维大数据分析平台，为企业的财务管理提供技术支持和数据分析服务。通过引入先进的大数据技术和算法，该部门能够实现对海量财务数据的快速处理和分析，从而为企业提供更准确、更高效的决策支持。

其次，企业应设置财务分析师一岗，负责从大数据中提取有价值的信息。财务分析师具备专业的财务知识和数据分析技能，能够采用统计分析、分布式处理等技术，对财务数据进行深入挖掘和加工。通过可视化的方式将决策信息呈现给信息使用者。

最后，财务大数据的运用应是企业所有部门联合的过程。财务数据来源于企业生产经营的每一个阶段，因此财务管理部门需要与其他部门进行紧密合作，共同推进大数据的应用。这种全员参与的模式将有助于实现数据共享和信息流通，从而提高企业的整体运营效率。

通过上述措施，企业的财务管理组织结构将更加适应大数据时代的需求，从而为企业提供更准确、更高效的决策支持。同时，这种变革也将有助于提高企业的运营效率和市场竞争力。

2．实施信息安全管理

在大数据的时代背景下，企业所面临的信息安全挑战与日俱增。由于信息的快速流通和数字化，企业信息保密工作变得至关重要。一旦发生信息泄露，不仅会损害企业的利益，还可能对企业的声誉和客户信任产生不可逆转的负面影响。因此，实施有效的信息安全管理工作势在必行。

企业需要认识到信息安全的重要性，并将其提升至与企业战略目标同等重要的地位。这需要企业领导者从上至下地推动信息安全意识的普及，让每个员工都明白信息安全的重要性，并培养他们的信息安全意识。这包括数据的分类与保护、访问控制、密码管理、数据备份等基础知识的培训和演练。

保障信息安全需要采取有效的技术手段。除了传统的防火墙、入侵检测系统等网络安全设备外，还应采用更为先进的技术来提升信息安全性。例如，人脸识别和指纹加密技术可以用于身份验证和数据保护，确保只有授权人员能够访问敏感信息。此外，数据加密技术可以将敏感数据转化为不可读格式，防止数据泄露和非法访问。同时，企业还应采用多因素身份验证方法，以增加身份验证的安全性。

加强网络监管也是保障信息安全的重要措施。企业需要建立完善的网络监管体系，实现对内网和外网的全面监控和管理。这包括实时监测网络流量、识别异常行为、防止未经授权的访问和恶意软件入侵等。此外，定期进行网络安全审计和漏洞扫描也是发现潜在安全隐患并及时修复的有效方法。

选择安全可靠的软件平台对保障信息安全同样重要。企业在选择软件供应商时，应优先考虑那些具有完善的安全认证和良好口碑的厂商。这些厂商通常会采取严格的安全措施来保护客户的数据安全，并提供源代码审查服务以减少潜在的安全风险。此外，企业还应定期更新软件版本和补丁程序，以修复已知漏洞并提高软件的安全性能。

只有全面考虑并采取综合措施，才能有效应对大数据时代的信息安全挑战，确保企业的信息安全不受侵害，为企业稳健发展提供有力保障。

（五）知识层面

1. 培养复合型财务分析人才

随着大数据时代的到来，财务分析领域面临着前所未有的挑战和机遇。传统的财务分析方法已经无法满足现代企业的需求，因此培养复合型财务分析人才成了当务之急。这些人才不仅需要具备扎实的专业知识，还需要拥有多方面的技能和能力，以便更好地应对复杂多变的数据分析和决策环境。

目前，企业对于财务分析人才的需求已经不再局限于传统的核算和监督等范畴，而是要求他们能够站在更高的层次上思考财务问题，具备全局战略观。这需要财务人员具备以下方面的能力。

（1）扎实的专业知识。财务分析人员需要掌握会计、财务管理、税务、经济法等基础知识，同时还需要了解统计学、计算机科学等相关领域的知识和技能。

（2）强大的分析能力。财务分析人员需要具备敏锐的洞察力和理解力，能够从海量数据中提取有价值的信息，并进行深入的分析和挖掘。

（3）流程设计和规划能力。财务分析人员需要具备流程设计和规划的能力，能够根据企业的实际情况设计合理的财务流程和管理制度，提高企业的财务管理水平。

（4）系统构架能力。财务分析人员需要了解信息系统架构和设计原理，能够根据企业的需求设计合理的财务信息系统架构，提高企业的信息化水平和能力。

（5）业务分析能力。财务分析人员需要具备业务分析的能力，能够深入了解企业的业务流程和运营模式，结合财务数据和业务数据进行综合分析，为企业的战略决策提供有力的支持。

为了满足企业对复合型财务分析人才的需求，国家政策需要鼓励高等院校开设相关课程，培养大数据人才。同时，企业也需要积极开展大数据培训和讲座，鼓励财务人员多学习大数据的分析和应用技术。此外，企业还可以选拔一些优秀人才出国进修，学习国际先进的大数据技术和应用经验，为企业的财务人才队伍注入新的活力。

在培养复合型财务分析人才方面，还需要注重以下几个方面。

（1）实践能力。除了理论知识的学习外，还需要注重实践能力的培养，以便更好地理解和应用所学知识。

（2）跨学科知识。复合型财务分析人才需要具备跨学科的知识和技能，包括计算机科学、统计学、经济学等相关领域的知识。

（3）创新能力。在大数据时代，新技术和新应用层出不穷，复合型财务分析人才需要具备创新能力，能够不断学习和适应新的技术和方法。

（4）沟通能力。财务分析人员需要与各个部门的人员进行沟通和协作，因此，良好的沟通能力是必不可少的。

（5）道德素质。财务分析人员需要遵守职业道德规范和法律法规。

总之，培养复合型财务分析人才是大数据时代的必然要求。通过加强理论知识和实践能力的培养、跨学科知识和创新能力的提升、沟通能力和道德素质的塑造等方面的努力，可以培养出更多符合企业需求的高素质财务分析人才。这将有助于企业在大数据时代更好地应对挑战和机遇，提高财务管理水平和综合竞争力。

2. 重视定性分析，增加非财务指标

传统的财务分析方法主要于依赖企业的历史数据，通过比率分析或比较分析等方法，对企业过去的财务状况进行评估。然而，这种分析方法存在一定的局限性，因为它只能对历史数据进行静态分析，无法及时反映企业当前的运营情况和未来可能面临的风险。

随着信息技术的发展，传统的分析方法已经无法满足企业对于信息全面性和准确性的需求。因此，定性分析逐渐得到了重视和应用。定性分析方法通过对文本、邮件等非结构化数据进行处理和分析，可以获取无法通过定量分析获得的企业内部信息和外部环境信息。

通过采用文本分析和语义挖掘等先进技术，定性分析可以深入挖掘企业文本数据中所蕴含的丰富信息，包括市场需求、行业动态、客户反馈等。这些信息对于企业来说具有重要的价值，可以帮助企业及时掌握市场动态和竞争态势，为制定战略决策提供有力的支持。除了对非结构化数据的分析外，定性分析还可以补充和完善定量分析的缺陷。传统的财务分析往往只关注财务指标的分析，而忽略了非财务指标对于企业运营的影响。在大数据时代，企业可以通过对非财务指标的分析，更好地了解企业的运营绩效和市场定位。这些非财务指标包括客户满意度、市场占有率、品牌价值等，它们对于企业的长期发展和竞争能力的提升具有重要的影响。

通过采用先进的文本分析、语义挖掘等技术，可以更好地挖掘非结构化数据中的信息价值；同时，通过综合运用定量分析和定性分析方法，可以更全面地了解企业的运营状态和市场环境，为企业决策提供更有价值的支持。因此，企业需要重视定性分析的作用，不断探索和应用新的分析方法和技术，以提高财务分析的效率和准确性。

第六章　大数据时代的企业财务评价

第一节　企业财务评价的认识

财务评价不仅是对企业过去和现在的财务状况和经营绩效的评估，更是对企业未来发展的预测和建议。通过分析和解决存在的问题，企业可以改进管理策略，提高经营效益。

一、企业财务评价的内涵

企业财务评价是对企业财务状况、经营绩效和战略目标的综合评估。它基于企业财务报表和其他相关财务数据，通过运用一系列财务和非财务指标，对企业过去和现在的财务状况、经营成果和未来发展趋势进行全面、客观、系统的分析和评价。

企业财务评价的目的是为投资者、债权人、管理层和其他利益相关者提供有关企业财务状况和经营绩效的信息。通过财务评价，可以评估企业的盈利能力、偿债能力、流动性和稳定性等方面的表现，从而了解企业的财务状况是否健康，并判断其是否具备持续发展的能力。

在企业财务评价中，常用的财务指标包括净利润率、总资产报酬率、流动比率、速动比率等。这些指标能够反映企业的盈利能力、资产利用效率和偿债能力等方面的情况。此外，还可以使用非财务指标来补充财务指标的不足，如市场份额、客户满意度、员工满意度等。这些非财务指标能够反映企业的竞争优势、市场地位和内部管理等方面的情况。

在进行企业财务评价时，需要综合考虑企业的短期和长期目标，以及行业和经济环境的影响。同时，还需要对不同企业的情况进行比较分析，以确定其在行业中的竞争地位和相对优势。

企业财务评价是一个综合性的过程，需要综合运用财务和非财务指标，全面、客观地分析和评价企业的财务状况、经营绩效和未来发展趋势。通过财务评价，可以帮助企业和利益相关者更好地了解企业的状况，制定合理的战略和决策，实现可持续发展。

二、企业财务评价常用的方法

（一）财务报表分析法

财务报表分析法是财务评价的重要手段之一。通过深入分析企业的资产负债表、利润表和现金流量表等财务报表，可以获取关于企业的资产状况、负债水平、盈利能力、现金流量等关键财务信息。这些信息反映了企业在一定时期内的财务状况和经营成果，为投资者和管理者提供了决策的依据和支持。

资产负债表是财务报表分析法的重要组成部分。资产负债表反映了企业在一定时期内的资产、负债和所有者权益的构成及其相互关系。通过分析资产负债表，可以了解企业的资产规模、资产质量、负债状况和所有者权益结构等方面的情况。这有助于评估企业的偿债能力和资产质量，以及预测未来的发展趋势。

利润表是反映企业在一定时期内经营成果的财务报表。通过分析利润表，可以了解企业的收入来源、成本费用、盈利水平和经营效益等方面的情况。这有助于评估企业的盈利能力、成本管控能力和可持续发展的潜力。

现金流量表是反映企业在一定时期内现金流入和流出的财务报表。通过分析现金流量表，可以了解企业的现金来源和去向，以及现金的管理和使用情况。这有助于评估企业的现金流量状况、偿债能力和支付能力，以及预测未来的发展趋势。

财务报表分析法不仅可以帮助投资者和管理者了解企业的财务状况和经营绩效，还可以发现存在的问题和风险，为改进管理和提高效益提供依据和支持。同时，财务报表分析法还可以帮助企业进行财务规划和决策，合理配置资源，降低成本，提高效益，实现可持续发展。

（二）财务比率分析法

财务比率分析法是一种重要的财务评价手段。通过计算各种财务比率，如偿债能力比率、盈利能力比率、营运能力比率等，可以评估企业的各项财务指标，从而全面了解企业的财务状况和经营绩效。

偿债能力比率是评估企业偿付债务的能力的重要指标。通过计算流动比率、速动比率、资产负债率等偿债能力比率，可以了解企业的流动资产和流动负债的关系以及企业的长期偿债能力。这些指标可以帮助投资者和管理者判断企业的偿债能力和风险水平。

盈利能力比率是评估企业赚取利润的能力的重要指标。通过计算销售利润率、资产报酬率、净资产收益率等盈利能力比率，可以了解企业的收入和成本的关系以及资产的收益水平。这些指标可以帮助投资者和管理者判断企业的盈利能力和投资回报。

营运能力比率是评估企业运用资产的能力的重要指标。通过计算存货周转率、应收账款周转率、总资产周转率等营运能力比率，可以了解企业资产的使用效率和运营状况。这些指标可以帮助投资者和管理者判断企业的资产管理和运作能力。

财务比率分析法的优点在于可以通过计算不同方面的比率来评估企业的各个方面的情况。这些比率不仅可以帮助投资者和管理者了解企业的财务状况和经营绩效，还可以发现存在的问题和风险，为改进管理和提高效益提供依据和支持。同时，财务比率分析法还可以帮助企业进行财务规划和决策，合理配置资源，降低成本，提高效益，实现可持续发展。

（三）杜邦分析法

杜邦分析法是一种有效的财务评价方法。它通过分解和分析企业各项财务指标之间的关系，形成一套完整的财务分析体系，以评估企业的盈利能力、营运能力和偿债能力等。这种方法可以帮助投资者和管理者更好地了解企业的经营状况和业绩驱动因素，从而更好地进行决策和风险管理。

杜邦分析法的核心是将企业的净利润、总资产和股东权益等指标之间的关系进行分解和分析。通过这种分解和分析，可以将企业的盈利能力、营运能力和偿债能力等指标有机地结合起来，形成一个相互关联、相互影响的整体。在这个整体中，每个指标都有其特定的意义和作用，它们之间的相互关系可以揭示出企业的经营状况和业绩驱动因素。

杜邦分析法的主要指标包括净资产收益率、总资产周转率、权益乘数等。其中，净资产收益率是评估企业盈利能力的重要指标，它反映的是企业利用自有资本获取收益的能力；总资产周转率是评估企业营运能力的重要指标，它反映的是企业利用资产获取收入的能力；权益乘数是评估企业偿债能力的重要指标，它反映的是企业利用财务杠杆获取收益的能力。

通过杜邦分析法，投资者和管理者可以了解企业的盈利能力、营运能力和偿债能力等指标之间的相互关系以及每个指标的具体情况。这有助于他们更好地理解企业的经营状况和业绩驱动因素，从而作出更明智的决策。例如，如果企业的净资产收益率较高，但权益乘数较小，说明企业的盈利能力主要来自核心业务，而非财务杠杆的放大效应，这可能意味着企业未来发展的可持续性较好；反之，如果企业的权益乘数较高，但净资产收益率较低，则说明企业的盈利能力主要来自财务杠杆的放大效应，这可能带来较高的风险。

此外，杜邦分析法还可以帮助企业识别存在的问题和风险。例如，如果企业的总资产周转率较低，但权益乘数较高，这可能意味着企业的资产管理和运作能力较弱，但财务杠杆较高，容易增加企业的风险。通过深入分析杜邦分析法中的各个指标及其相互关系，企业可以找到问题的根源，并采取有效的措施加以解决。

总之，杜邦分析法是一种有效的财务评价方法，可以帮助投资者和管理者更好地了解企业的经营状况和业绩驱动因素，识别存在的问题和风险，并采取有效的措施加以解决。

（四）现金流量分析法

现金流量分析法是财务评价的重要手段之一。它通过分析企业在一定时期内现金的流入和流出，了解企业的现金流量状况，评估企业的盈利能力和偿债能力等。现金流量表是反映企业在一定时期内现金流入和流出的财务报表，它提供了关于企业现金来源和去向的详细信息，以及企业的偿债能力、支付能力和资金周转能力等方面的情况。

现金流量分析法可以帮助投资者和管理者了解企业的现金流量状况，从而评估企业的支付能力和债务偿还能力。现金流量表中的现金流入和流出分别反映了企业在经营、投资和筹资活动中现金的流入和流出情况。通过分析这些数据，可以评估企业的收益质量和偿债能力，以及预测企业未来的发展趋势。

现金流量分析法还可以帮助企业识别存在的问题和风险。如果企业现金流量表中出现较大的现金流入或流出，或者现金流入和流出的匹配程度较低，这可能意味着企业存在现金流管理不善或其他财务问题。通过深入分析现金流量表中的数据及其相互关系，企业可以找到问题的根源，并采取有效的措施加以解决。

此外，现金流量分析法还可以为投资者和管理者提供决策依据。通过分析企业的现金流量表，可以了解企业的现金流状况和财务状况，从而帮助投资者和管理者做出更明智的投资决策和管理决策。例如，如果企业的现金流入主要来自经营活动中销售收入的增长，这可能意味着企业的未来发展潜力较大；反之，如果企业的现金流入主要来自投资活动中股票或债券的发行收入，这可能意味着企业面临较大的市场风险。

总之，现金流量分析法是一种有效的财务评价方法，可以帮助投资者和管理者了解企业的现金流量状况和财务状况，评估企业的盈利能力和偿债能力等。识别存在的问题和风险，通过使用现金流量分析法，企业可以更好地管理现金流和降低风险，实现可持续发展。

（五）EVA 分析法

EVA 分析法是一种重要的财务评价方法。它通过计算经济增加值这一指标，评估企业在一定时期内创造的经济价值，反映企业真实的经营绩效。EVA 是一种考虑了资本成本和资本风险的财务指标，是从税后净利润中扣除资本成本（包括债务成本和权益成本）后的剩余收益。

EVA 分析法的优点在于能够更准确地反映企业创造的经济价值。传统的财务报表分析方法主要关注利润表和资产负债表，而忽视了资本成本和资本风险对经营绩效的影响。而 EVA 分析法考虑了资本成本和资本风险，能够更准确地反映企业创造的经济价值。通过计算 EVA 及其相关指标，可以评估企业的经营绩效和价值创造能力，为投资者和管理者提供更准确的决策依据。

EVA 分析法还可以用于企业价值评估和管理层业绩考核等方面。在传统的企业价值评估方法中，主要关注企业的资产总额和市场价值，而忽视了企业创造的经济价值。而 EVA 分析法则关注企业创造的经济价值，能够更准确地评估企业的真实价值和潜在风险。同时，EVA 分析法还可以用于管理层业绩考核，引导管理层关注长期价值创造和可持续发展。

总之，EVA 分析法是一种有效的财务评价方法，能够更准确地反映企业创造的经济价值。通过计算 EVA 及其相关指标，可以评估企业的经营绩效和价值创造能力，为投资者和管理者提供更准确的决策依据。同时，EVA 分析法还可以用于企业价值评估和管理层业绩考核等方面，有助于引导企业和员工关注长期价值创造。

除了以上提到的财务报表分析法、财务比率分析法、杜邦分析法、现金流量分析法和 EVA 分析法，企业财务评价还包括其他一些重要的方法和手段。例如，财务综合评价方法是一种对企业整体财务状况进行综合评价的方法；财务预测方法是一种基于历史数据和未来经济状况对企业未来财务状况进行预测的方法；财务决策支持方法是一种为企业决策者提供财务决策支持和建议的方法。这些方法和手段在不同情况下有着各自的应用价值和优势，能够帮助投资者和管理者更好地了解企业的财务状况和经营绩效，为企业改进管理和提高效益提供依据和支持。

三、企业财务评价的主要指标

（一）偿债能力指标

一些指标用于评估企业偿还债务的能力和风险水平。其中，流动比率是衡量企业流动资产和流动负债之间的比率，通常用来评估企业短期偿债能力；速动比率是流动资产减去存货等非速动资产后与流动负债的比率，更准确地反映企业短期偿债能力；资产负债率是负债总额与资产总额的比率，表示企业总资产中有多少是通过负债筹集的，是衡量企业长期偿债能力的关键指标；产权比率是负债总额与所有者权益总额的比率，反映企业所有者权益对债权人权益的保障程度。

（二）运营能力指标

一些指标用于评估企业资产管理和运营效率。其中，存货周转率是营业成本与平均存货的比率，用于衡量企业存货的周转速度和流动性；应收账款周转率是营业收入与平均应收账款的比率，反映企业应收账款的回收速度和管理效率；总资产周转率是营业收入与平均资产总额的比率，用来评估企业整体资产的管理效率和运营水平。

（三）盈利能力指标

一些指标用于评估企业在一定时期内获取利润的能力。其中，营业利润率是营业利润与营业收入的比率，反映企业营业活动的盈利水平；净利润率是净利润与营业收入的比率，表示企业每销售一单位货币所获得的净收益；总资产报酬率是净利润与平均资产总额的比率，用来评估企业运用全部资产获取利润的能力。

（四）发展能力指标

一些指标用于评估企业在未来发展中的潜力和趋势。其中，营业收入增长率是本期营业收入增长额与上期营业收入总额的比率，反映企业营业收入的增长速度和扩展能力；利润增长率是本期净利润增长额与上期净利润总额的比率，用来评估企业利润的增长速度和潜力。

（五）现金流量指标

一些指标用于评估企业现金流入和流出的状况以及偿债能力。其中，现金流量比率是现金流入量与现金流出量的比率，用于衡量企业现金流量的充足程度；现金债务总额比是经营活动现金流量净额与债务总额的比率，反映企业用现金流量偿还全部债务的能力。

（六）非财务指标

一些指标用于评估企业的非财务绩效和发展潜力。其中，客户满意度是客户对企业产品或服务的满意程度，反映企业市场表现的重要方面；市场占有率是企业销售额或市场份额在市场同类产品中所占比重，体现企业在市场中的竞争地位和实力；创新能力是企业进行技术创新、产品研发和业务拓展的能力，有助于企业保持竞争优势和实现可持续发展。

第二节　大数据财务评价的必要性和可行性分析

一、大数据财务评价的必要性

随着企业规模的扩大和业务范围的扩展，传统的财务评价方法已经难以满足企业对财务管理的需求。具体来说，传统的财务评价方法主要存在以下几个问题。

（一）数据处理效率低

在传统的财务评价方法中，数据收集、整理和分析是一项烦琐且耗时的任务。由于这些工作主要依赖手工操作，企业需要投入大量的人力资源和时间来处理这些数据。手工处理数据容易导致数据处理效率低下，企业难以快速准确地获取和分析数据。

在竞争激烈的市场环境中，及时获取准确的信息对于企业决策至关重要。如果数据处理效率低下，企业将难以在短时间内做出决策，从而错过市场机会或者应对潜在风险。此外，不准确的数据可能导致错误的决策，给企业带来损失。

低效的数据处理不仅影响了财务评价的及时性，还可能对企业的决策制定造成负面影响。由于无法快速获取和分析数据，企业难以对市场变化做出迅速反应，从而影响决策的准确性。这种情况在复杂多变的市场环境中尤为明显。

为了解决这个问题，企业可以积极探索和应用新的技术手段来提高数据处理效率。例如，利用大数据技术和云计算资源，企业可以更快速地处理和分析大规模数据集。通过采用自动化数据处理工具和云端数据分析平台，企业可以减少人工干预并提高数据处理速度。这些技术的应用将有助于企业提高财务评价的及时性和准确性，从而更好地支持决策制定。

（二）数据质量难以保证

在传统的财务评价方法中，由于数据处理过程涉及大量的人工操作，数据质量难以得到保证。人为错误和主观判断是两个主要原因。

1. 人为错误

在数据处理过程中，人为错误是一个常见的问题。由于数据录入人员的主观疏忽或错误，可能会导致数据的准确性受到影响。例如，手工录入数据时可能出现拼写错误、小数点位置错误、单位错误等问题。这些错误可能对数据的准确性产生负面影响，进而影响财务评价的可靠性。

2. 主观判断

数据分析过程中，分析师的主观判断也可能对数据质量产生影响。由于不同分析师对数据的理解和解读方式可能存在差异，因此他们的分析结果也可能有所不同。这种主观性可能导致数据的可靠性降低，进而影响企业决策的准确性。

（三）难以支持决策制定

传统的财务评价方法主要关注财务指标的计算和分析，如利润、收入、成本等。这些指标虽然在一定程度上能够反映企业的财务状况，但它们往往不能提供全面的信息，难以支持企业制定战略决策和进行风险管理。

传统的财务评价方法侧重于历史数据的分析，无法预测未来的趋势和风险。企业在进行决策时，需要了解未来的市场趋势和竞争环境，而传统的财务评价方法无法提供这些信息。传统的财务评价方法主要关注财务指标的计算，如利润、收入、成本等，而忽略了非财务指标的重要性。非财务指标，如客户满意度、市场份额、创新能力等，对于企业的长期发展至关重要。这些指标能够反映企业的竞争力、市场地位和未来潜力，是制定战略决策和风险管理的重要依据。

企业可以运用大数据技术和高级数据分析方法，如数据挖掘、机器学习等，对财务和非财务数据进行全面分析。这将帮助企业获取更准确的信息，预测未来的趋势和风险，并制定更有效的战略决策和风险管理措施。此外，企业还可以将财务评价与业务战略相结合，建立更全面的绩效评估体系。这需要考虑企业的长期发展目标、市场竞争环境、客户需求等因素，以制定更具战略性和前瞻性的决策。通过引入非财务指标和综合绩效评估体系，企业能够更全面地了解自身的经营状况和市场环境，从而更好地支持决策制定和风险管理。

因此，大数据财务评价是非常必要的。通过运用大数据技术，可以解决传统财务评价方法存在的问题，提高数据处理效率和数据质量，同时支持企业制定战略决策和进行风险管理。

二、大数据财务评价的可行性

随着大数据技术的不断发展，企业可以运用更高效的数据处理技术来获取和分析数据。例如，企业可以运用分布式计算、云计算等技术来处理海量数据，提高数据处理效率和准确性。

（一）数据来源的多样化

随着信息技术的迅速发展，企业的数据来源不再局限于传统的财务数据。多样化的数据来源为企业提供了更全面的视角，帮助企业更深入地了解自身的财务状况和市场风险。

（1）客户数据。客户是企业的重要资产之一，客户数据包括他们的购买行为、偏好、反馈等信息。通过收集和分析客户数据，企业可以更好地了解市场需求和消费趋势，从而优化产品和服务，提高客户满意度和忠诚度。

（2）市场数据。市场数据包括竞争对手的信息、行业动态、市场趋势等。通过收集和分析市场数据，企业可以及时掌握市场变化和竞争态势，从而制定更有效的市场策略和应对措施。

（3）社交媒体数据。社交媒体是现代社会的重要交流平台之一，通过社交媒体数据，企业可以了解消费者对产品的评价和反馈，及时发现和解决问题，同时也可以挖掘潜在的商机和趋势。

除了以上提到的数据来源，企业还可以从供应链数据、运营数据等多个方面收集信息，这些数据都能够帮助企业更全面地了解自身的财务状况和市场风险。

为了充分利用这些多样化的数据来源，企业需要建立完善的数据收集和分析体系。首先，需要从多个渠道收集数据，确保数据的全面性和实时性。其次，需要运用先进的数据分析工具和技术，对收集到的数据进行处理和分析，提取有价值的信息和洞察。最后，需要将分析结果应用于实际业务中，制定相应的策略和措施，以实现更好的商业效果。

（二）数据分析方法的改进

传统的财务评价方法通常采用简单的财务指标进行分析，如利润、收入、成本等。这些指标虽然在一定程度上能够反映企业的财务状况，但它们往往不能提供全面的信息，难以支持企业制定战略决策和进行风险管理。随着大数据技术的不断发展，基于大数据的财务评价方法得到了广泛应用。这些方法运用更高级的数据分析技术，如数据挖掘、机器学习等，能够更准确地预测企业的未来趋势和风险。

数据挖掘技术可以帮助企业在大量数据中挖掘出有价值的信息和知识。通过运用聚类分析、关联规则挖掘等方法，企业可以发现市场趋势、客户分类等重要信息，从而更好地了解市场和客户需求。

机器学习是一种基于数据的学习方法，它通过分析历史数据来预测未来的趋势和行为。机器学习技术可以帮助企业自动识别市场趋势和风险因素，从而更准确地预测企业的未来表现。

基于大数据的财务评价方法不仅可以帮助企业更准确地预测未来趋势和风险，还可以支持企业制定更有效的战略决策。通过运用这些方法，企业可以更好地了解市场和客户需求，优化产品和服务，提高客户满意度和忠诚度。同时，企业还可以及时掌握市场变化和竞争态势，制定更有效的市场策略和应对措施。

综上所述，大数据财务评价是必要且可行的。通过运用大数据技术，企业可以提高数据处理效率和数据质量，同时支持企业制定战略决策和进行风险管理。

第三节 大数据财务评价的完善对策

一、数据治理和数据质量

在大数据时代，数据治理和数据质量对于企业的财务评价至关重要。数据的准确性和可靠性直接影响到企业财务评价的结果和决策的制定，因此，企业需要建立完善的数据治理机制，确保数据的规范化和标准化。

（一）优化数据治理

数据治理是企业管理数据的过程，包括确定数据的战略价值、规划数据的治理流程、制定数据的质量标准、管理数据的生命周期等。数据治理的目标是确保数据的准确性、一致性、完整性、可靠性和安全性，为企业提供可靠的数据支持。

企业需要建立一套完整的数据治理机制，包括数据收集、存储、处理和分析的流程。在数据收集方面，企业需要明确数据的来源和收集方法，确保数据的完整性和准确性。在数据存储方面，企业需要考虑数据的安全性和可靠性，建立稳定的数据存储体系。在数据处理方面，企业需要运用先进的数据处理技术，对数据进行清洗、去重、转换等操作，确保数据的真实性和一致性。在数据分析方面，企业需要运用合适的数据分析工具和方法，对数据进行深入挖掘和分析，提取有价值的信息和洞察。

（二）关注数据质量

企业需要关注数据的质量。数据质量包括数据的完整性、准确性、一致性和真实性等方面。为了确保数据的准确性和可靠性，企业可以通过以下方法提高数据质量。

1. 数据清洗

对数据进行清洗和去重，消除错误和重复的数据。这个过程可以通过技术手段实现，如使用脚本或程序对数据进行处理。同时，也需要人工参与进行审核和校验，以确保数据的准确性和完整性。

2. 数据验证

运用数据验证技术，对数据进行校验和核实，确保数据的准确性和一致性。这可以通过编写验证规则和程序来实现，对数据进行逐条检查和比对，发现并纠正错误和异常。

3．数据标准化

对不同来源的数据进行标准化处理，确保数据的规范化和一致性。标准化包括统一数据格式、统一数据类型、统一数据命名等，使得不同来源的数据能够相互匹配和集成。

4．数据分类和标签化

对数据进行分类和标签化处理，提高数据的可读性和可理解性。分类是将数据按照一定的规则和标准进行划分和归类，标签则是为数据添加附加信息，以便更好地理解和使用数据。

通过以上方法，企业可以提高数据的质量，为财务评价提供更准确和可靠的数据支持。同时，也需要注意数据的隐私和安全问题，保护企业的商业机密和客户个人信息。

二、引入非财务指标

在传统的管理模式中，企业主要关注财务指标的计算和分析，如收入、利润、成本等。这些财务指标虽然可以反映企业过去的经营成果，但无法提供关于未来的市场趋势和客户需求等重要信息。在大数据时代，企业需要引入更多的非财务指标，以更全面地了解自身的财务状况和市场风险。

非财务指标通常包括客户满意度、市场份额、创新能力、品牌价值等，这些指标可以帮助企业更好地了解市场需求、客户反馈和竞争态势。通过引入这些非财务指标，企业可以更好地评估自身的竞争力和市场地位，为战略决策提供更准确的信息。

（一）客户满意度

客户满意度是指客户在使用产品或接受服务后产生的满意程度，反映了客户对产品或服务的整体评价和反馈。这个指标对于企业来说至关重要，因为客户满意度直接影响到企业的业务发展和市场竞争力。通过收集和分析客户对产品或服务的评价信息，企业可以更好地了解客户的需求和期望，进而改进产品或服务。这不仅有助于提高客户满意度，还可以增加客户的忠诚度和黏性，进而促进企业的业务增长。企业可以通过多种方式收集客户对产品或服务的评价信息，如调查问卷、客户反馈、在线评价等。这些渠道可以为企业提供丰富的数据和反馈信息，帮助企业了解客户对产品或服务的真实感受和需求。

（二）市场份额

市场份额是指企业在市场中的占有率。这个指标可以帮助企业了解自己在市场中的地位和竞争情况。企业可以通过市场调研、关注行业报告等方式获取市场份额信息。通过分析市场份额，企业可以发现自己在市场中的优势和劣势，进而制定有针对性的竞争策略。

（三）创新能力

创新能力是指企业在新产品、新技术、新服务等领域的研发能力。这个指标可以帮助企业了解自身的技术和研发实力，进而制定更具有创新性的战略。企业可以通过专利申请、技术研发等方式提升创新能力。通过分析创新能力，企业可以发现自己在技术方面的优势和不足，进而制定技术创新战略，提高企业的核心竞争力。

（四）品牌价值

品牌价值是指企业在市场中的品牌知名度和美誉度。这个指标可以帮助企业了解自身的品牌形象和市场地位。企业可以通过市场调研、品牌评估等方式获取品牌价值信息。通过分析品牌价值，企业可以发现自己在品牌方面的优势和不足，进而制定品牌建设战略，提高企业的品牌形象和市场地位。

三、建立综合绩效评估体系

为了更好地支持战略决策和风险管理，企业需要建立综合绩效评估体系。该体系不仅应考虑财务指标，还应综合考虑非财务指标，以更全面地评估企业的绩效表现。通过引入非财务指标和综合绩效评估体系，企业可以更全面地了解自身的经营状况和市场环境，从而更好地支持决策制定和风险管理。

（一）合理选择指标

在选取指标方面，企业需要确保选取的指标能够充分反映企业的经营状况和市场竞争情况。除了传统的财务指标，如收入、利润等之外，还应考虑客户满意度、市场份额、创新能力等非财务指标。这些非财务指标能够反映企业在市场中的地位、客户需求以及技术创新能力等方面的情况，从而帮助企业更全面地了解自身优劣势和市场风险。

（二）科学确定权重

在确定权重方面，企业需要根据自身的战略目标和业务特点，为不同的指标确定相应的权重。对于重要的指标，如收入和利润等，应给予较高的权重；对于相对次要的指标，如客户满意度和市场份额等，可适当降低权重。权重的确定应该基于客观、科学的数据分析和市场研究，以确保评估结果的准确性。

（三）丰富评估方法

在选择评估方法上，企业可以选择平衡计分卡、经济增加值等综合评估方法进行绩效评估。这些方法能够将财务指标和非财务指标结合起来，提供更全面的绩效视图。例如，平衡计分卡可以从财务、客户、内部业务过程、学习与成长四个维度综合评估企业的绩效表现；经济增加值则强调股东价值的创造和企业的可持续发展。

（四）提升反馈效果

企业需要建立有效的绩效反馈机制。通过及时将绩效评估结果反馈给相关部门和员工，企业可以进行有针对性的改进。这不仅有助于提高企业的整体绩效表现和竞争力，还可以促进员工积极参与和改进工作流程，实现更好的业务发展。

需要注意的是，建立综合绩效评估体系是一个持续的过程，需要不断地完善和优化。企业应根据市场环境的变化和业务发展的需要，定期对评估体系进行调整和更新。同时，还需要加强员工培训和内部沟通，确保所有员工对评估体系的认同和积极参与。通过综合绩效评估体系的建立和应用，企业可以更好地了解自身的经营状况和市场环境，为战略决策提供更准确的信息支持。

四、加强人员培训和团队建设

（一）加强技能培训

人员培训是提高大数据财务评价效率和准确性的重要途径之一。通过制订系统的培训计划，企业可以确保员工能够全面掌握数据分析技能和方法。针对不同员工的需求和背景，企业可以制订个性化的培训方案，以提高他们的专业素养和技术水平。例如，对于数据分析师，可以提供数据挖掘、机器学习等高级数据分析方法的培训；对于业务人员，可以提供数据可视化、数据报告撰写等实用技能的培训。

（二）完善团队建设

企业还需要注重培养员工的团队协作能力。一个高效的数据分析团队需要由不同背景和专业领域的员工组成，以实现优势互补和创新。通过加强团队建设，企业可以提高员工之间的沟通和协作效率，促进团队成员之间的知识共享和经验交流。例如，企业可以组织定期的团队建设活动、交流会议等，鼓励员工分享各自的数据分析经验和见解，共同解决问题，提高团队的凝聚力和创新能力。

（三）建立激励制度

为了更好地支持团队建设，企业需要建立完善的激励机制和考核制度。通过制定明确的考核指标和奖励机制，企业可以激励员工积极参与大数据财务评价工作。同时，企业还可以提供良好的工作环境和资源支持，为员工提供必要的技术设备和工具，帮助他们更好地完成工作任务。

通过加强人员培训和团队建设，企业可以提高大数据财务评价的效率和准确性。专业的技能和知识能够确保数据分析结果更准确可靠。高效的团队协作能够提高工作效率并促进创新。这些措施有助于为企业提供更准确的信息支持，从而更好地支持战略决策和风险管理。需要注意的是，加强人员培训和团队建设是一个长期的过程，需要持续投入精力和资源。企业需要制订详细的计划和实施方案，并注重培训和实践相结合，确保员工能够真正掌握和应用所学知识。同时，还需要关注员工的个人发展和职业规划，为员工提供更多的成长机会和空间。

五、强化与业务的结合

企业需要从以下几个方面来强化大数据财务评价与业务的结合。

（一）建立大数据财务评价系统

企业需要建立完善的大数据财务评价系统，通过对海量数据的收集、分析和挖掘，获取更加准确和全面的数据。同时，通过运用各种数据分析方法和模型，对数据进行多维度、多角度的分析和评估，为企业提供更加精准的决策支持。

企业需要制定数据收集计划和标准，建立多渠道、多维度的数据收集机制。通过收集海量的数据，包括财务数据、业务数据、市场数据等，为企业提供更加全面和准确的数据支持。企业需要引入先进的数据分析方法和模型，如数据挖掘、机器学习等，对数据进行多维度、多角度的分析和评估。通过运用这些方法和模型，企业可以更好地发现数据中的规律和趋势，挖掘出潜在的风险和机会。企业需要将财务数据与其他数据源进行集成，并将数据可视化，将复杂的数据转化为易于理解的图表、图形等形式。通过实现数据的可视化和集成，企业可以更好地了解企业的经营状况和市场趋势，为企业决策提供更加全面和准确的数据支持。企业需要建立健全数据安全和隐私保护机制，确保数据的准确性和完整性。同时，需要加强对数据隐私和安全的保护，防范数据泄露和滥用风险。

总之，建立大数据财务评价系统需要企业从多个方面进行努力。通过建立完善的数据收集机制、引入先进的数据分析方法和模型、实现数据的可视化和集成以及加强数据安全和隐私保护等措施，企业可以建立完善的大数据财务评价系统，提高决策效率和准确性。

（二）结合业务制定财务策略

企业需要将大数据财务评价与业务相结合，根据企业的实际情况和发展需求，制定符合企业战略目标的财务策略。例如，对于一个快速发展的电子商务企业，可以通过分析用户数据和交易信息，了解用户的购买行为和喜好，从而制定更加精准的产品线规划和促销策略。对于一个传统制造企业，可以通过运用大数据财务评价方法，对生产成本、库存管理等环节进行精细化管理，提高生产效率和降低成本。

（三）强化市场洞察力和灵活的决策能力

在大数据时代，企业需要具备敏锐的市场洞察力和灵活的决策能力，以应对快速变化的市场环境和客户需求。为此，企业可以运用大数据财务评价方法来获取更多的市场信息和竞争情报，从而更好地了解市场需求和竞争对手的动向。

通过对客户的购买历史、消费习惯、社交媒体活动等数据进行分析，企业可以洞察客户的需求和喜好，从而调整产品定位和营销策略，提供更加个性化的产品和服务。企业可以利用大数据对市场销售数据、市场份额、竞争对手的产品和定价等信息进行综合分析，及时了解市场的发展趋势和竞争对手的策略，从而做出相应的业务策略调整，保持竞争优势。

此外，企业还可以通过大数据分析来评估市场营销活动的效果。通过对广告投放、促销活动、渠道分销等数据进行分析，企业可以了解不同营销策略对销售业绩的影响，从而优化资源配置，提高市场营销效果。

（四）加强内部沟通与协作

在企业中，不同部门之间的信息往往存在壁垒，导致数据无法充分共享和流通。这种情况可能导致数据冗余、信息不准确或沟通不畅。因此，企业需要采取措施来打破这些壁垒，促进数据的流通与共享。通过加强内部沟通与协作，企业可以促进全组织的数据流通与共享。这有助于确保数据的准确性和一致性，避免不同部门之间的数据冲突和不一致。同时，也有助于提高企业内部数据资源的整合和共享水平，更好地利用大数据进行财务评价和支持决策。

为了实现数据的高效管理和利用，企业需要建立统一的数据平台和数据标准。这可以确保数据的规范化和标准化，提高数据的可靠性和准确性。同时，也有助于提高企业内部数据的整合和共享水平，更好地支持大数据财务评价和决策。

（五）建立健全数据治理体系

在大数据时代，数据成了企业的重要资产，而数据治理则是确保数据质量和安全的关键。为了建立健全数据治理体系，企业应建立数据管理制度，明确数据的归属、责任和权限。这包括规定数据采集、存储、处理和共享的规则和流程，以确保数据的合法性和合规性。企业应建立统一的数据采集和存储标准，确保数据的一致性和可比性。这包括规定数据格式、命名规范、字段定义等，以便于数据的整合和分析。此外，企业应建立数据质量评估和监控机制，对数据的准确性、完整性和时效性进行监测和评估。这可以通过数据清洗、校验和抽样检查等方法来实现，以提高数据的质量。

建立健全数据治理体系是企业在大数据时代保障数据质量和安全的重要举措。通过建立数据管理制度、规范数据采集和存储标准、建立数据质量评估和监控机制等措施，企业可以确保数据的可靠性和安全性。

六、持续优化和改进

大数据财务评价不是一个一劳永逸的过程，而是一个需要持续优化和改进的循环。企业所处的市场环境和企业自身的发展都会不断变化，这就需要企业定期或不定期地对大数据财务评价的流程、方法、指标等进行审查和更新，以适应新的环境和发展需要。

（一）调整和优化数据分析方法和指标体系

企业应当根据市场环境的变化和自身业务的调整，不断优化和改进数据分析方法和指标体系。例如，当企业的业务范围扩大或市场环境发生变化时，原有的数据分析方法和指标可能已经无法准确反映企业的财务状况和市场趋势。这时，企业就需要引入新的数据分析方法和指标，或者对原有的方法和指标进行调整和优化。

（二）关注新技术和新方法的发展和应用

随着科技的不断进步，新的大数据技术和分析方法也在不断发展。企业应当及时关注这些新技术和新方法的发展和应用，如人工智能、机器学习、深度学习等，这些技术可以帮助企业更高效地处理和分析大数据，提高大数据财务评价的效率和准确性。

（三）定期审查和更新大数据财务评价流程

大数据财务评价流程是企业进行大数据分析和评价的重要环节，其合理性和有效性直接影响到评价结果的质量和准确性。因此，企业应当定期对大数据财务评价流程进行审查和更新，以确保流程的高效性和可靠性。企业应当明确大数据财务评价流程的各个环节和步骤，包括数据收集、存储、处理、分析和报告等。对于每个环节和步骤，企业应当明确其目的、内容、方法和责任人，以确保流程的规范化和可操作性。

定期审查和更新大数据财务评价流程是企业进行大数据分析和评价的重要环节。通过明确流程的各个环节和步骤、定期审查和审计、及时更新和优化等措施，企业可以提高大数据财务评价的效率和准确性，为企业的决策提供有力的支持。

（四）建立持续改进机制

为了确保大数据财务评价的持续优化和改进，企业需要建立一套完善的持续改进机制。该机制应当包括定期审查、更新和优化大数据财务评价的流程和方法，以及及时跟进新的技术和方法的发展和应用。同时，该机制还应当鼓励员工提出改进建议，以充分发挥员工的积极性和创造性。

大数据财务评价是一个需要不断优化和改进的过程。企业应当根据市场环境的变化和自身发展的需要，不断调整和优化数据分析方法和指标体系，关注新技术和新方法的发展和应用，建立完善的持续改进机制。只有这样，企业才能确保大数据财务评价的准确性和可靠性，为企业的决策提供有力的支持。

企业大数据财务评价的优化策略需要从多个方面入手，包括数据治理和数据质量、引入非财务指标、改进数据分析方法、建立综合绩效评估体系、加强人员培训和团队建设、强化与业务的结合以及持续优化和改进等。通过实施这些策略，企业可以提高大数据财务评价的准确性和效率，更好地支持战略决策和风险管理。

第七章 大数据时代财务管理发展与转型

大数据时代，数据驱动的企业变革方向已经达成共识。大数据应用会带来很多新机会、新可能，而要释放大数据的价值，归根结底还是要落地到企业在生产经营的业务活动中对各种信息系统的有效应用上。在当今的商业世界中，企业借助大数据资源支持进行各项决策已经是互联网新常态下的新时代的必然要求。通过数据分析进行战略决策、营销决策、生产采购决策、投资决策以及市场预测，已经成为大数据时代企业生存发展的必然趋势。今天所有的企业业务战略，如果没有数据支撑都不能落地。企业信息化工作要顺应时代要求，企业才能得到生存和发展的机会。

第一节 财务管理信息化不断增强

财务信息系统是指以统一合理的部门合作、疏通的信息渠道为依托，以计算机、Internet、网络财务软件为手段，建立的财务信息服务系统。它运用本身所特有的一套方法，从价值方面对事业、机关团体的经营活动和经营成果，进行全面、连续、系统的定量描述。

一、财务管理信息化的内容

财务管理信息化是指利用信息技术对财务管理流程进行优化和再造，通过数据的集成、共享和分析，实现财务管理的智能化和高效化。财务管理信息化既是一种技术革新，也是一种管理思想的转变，它能够为企业提供更加全面、准确、及时的财务信息，帮助企业做出更加科学、合理的决策。

从专业角度来看，财务信息化可以分为以下几个专业领域：第一，财务会计。主要涉及日常财务数据的记录、核算和报表生成等，以支持企业外部和内部的财务管理需要。这些工作包括会计凭证的录入、财务报表的编制、税务申报等。通过财务会计信息化，可以提高财务处理的自动化程度，减少人为错误和延迟，提高财务数据的准确性和及时性。第二，管理会计，包括成本会计、预算控制、绩效考核等，以支持企业内部管理决策。管理会计工作需要考虑企业的战略目标和运营状况，通过对财务数据的分析和挖掘，为企业管理者提供有关成本控制、预算制定、绩效评估等方面的决策支持。通过管理会计信息化，可以实现财务和非财务数据的集成和共享，帮助企业管理者更好地掌握企业运营情况，作出更加科学、合理的决策。第三，财务管理，涵盖了企业资金的筹措、投资、资金管理等方面的管理，以支持企业的战略决策。财务管理需要考虑到企业的长期发展目标和市场环境，通过对企业资金的规划和管理，为企业提供有关资金筹措、投资等方面的决策支持。通过财务管理信息化，可以提高企业资金管理的效率和准确性，帮助企业更好地把握市场机会和风险。第四，审计，主要是对财务数据进行审计和监督，以确保财务信息的真实性和准确性。审计工作包括对财务报表进行审查、对内部控制制度进行评价等。通过审计信息化，可以提高审计工作的效率和准确性，及时发现和纠正财务信息的不准确之处，保障企业的财务安全和稳定。

从企业用户角度来看，财务信息化服务对象包括战略决策层、管理控制层和业务操作层等不同层面的人员。针对不同层面的用户，财务信息系统提供了不同的专业模块，以满足他们的需求。

对于战略决策层来说，他们需要获得全面、准确、及时的财务信息来支持企业的战略决策。因此，财务管理信息化需要提供强大的数据分析和挖掘功能，帮助战略决策者深入了解企业的运营状况和市场趋势，制定更加科学、合理的战略规划。

对于管理控制层来说，他们需要掌握企业的运营情况和资源分配情况，以支持他们的日常管理和控制工作。因此，财务管理信息化需要提供实时监控和报告功能，帮助管理控制者及时了解企业的财务和非财务状况，制定更加准确、有效的管理决策。

对于业务操作层来说，他们需要执行日常的财务操作和管理任务，以支持企业的日常运营。因此，财务管理信息化需要提供易用性和自动化程度高的操作界面和工具，帮助业务操作人员快速、准确地完成工作任务。

目前，国内多数企业的财务信息化还处于财务会计的会计核算和财务报表的应用阶段，这些系统或系统模块对于战略决策层的规划、分析、监控的支持力度是远远不足的。一些管理领先、信息化基础较好的大型企业已经开始使用预算、作业成本、决策支持分析等管理会计模块，并取得了较好的应用效果。这些系统能够更好地满足战略决策层的管理需求，并使得 ERP 和核算系统中的财务业务数据能够得到更加全面的应用和分析。

随着信息化技术的不断发展和应用，财务管理信息化将会更加深入和广泛。未来财务管理信息化将更加注重数据的挖掘和分析以支持更加精细化的管理和决策。同时随着人工智能大数据等新技术的应用，财务管理信息化将会更加智能化和自动化。

二、财务信息系统建设的意义

财务信息系统建设不仅能为企业的财务管理带来效率和准确性，还能提升企业的运营能力和市场竞争力。

（一）提升财务管理效率

财务信息系统能够自动化处理大量的财务数据，减少人工操作，降低错误率，大大提高财务管理的效率。这使得财务人员可以更加专注于分析、预测和决策等高层次的工作，为企业创造更大的价值。同时，通过数据分析和挖掘，财务信息系统还能为企业的决策提供更有效的数据支持。通过对历史数据的分析，企业可以更好地了解自身的经营状况和市场趋势，从而作出更加明智的决策。

（二）提升企业运营效率

财务信息系统能整合企业的财务和业务流程，实现数据的实时共享和交互，使企业能够更好地掌握自身的运营状况。通过实时获取和分析财务数据，企业可以更好地了解自身的运营效率和盈利能力，从而优化资源配置，提升企业的运营效率。此外，财务信息系统还可以帮助企业实现供应链管理和物流管理等方面的优化，进一步降低成本和提高效率。

（三）提升企业竞争力

通过财务信息系统的建设，企业能够更好地适应市场变化，提高自身的核心竞争力。首先，财务信息系统的智能化和自动化能够提高企业的生产效率和质量，降低生产成本，从而在市场竞争中占据优势。其次，财务信息系统可以帮助企业实现市场预测和需求分析等方面的优化，更好地满足客户需求，提高客户满意度和市场占有率。最后，财务信息系统的建设可以促进企业管理的规范化和标准化，提高企业的管理水平和质量，进一步提升企业的竞争力。

（四）推动企业现代化管理

财务信息系统是企业实现现代化管理的重要标志之一。通过建设财务信息系统，企业能够实现管理的标准化、规范化，推动企业的现代化管理进程。现代化的管理方式能够帮助企业更好地适应市场变化和竞争环境，提高企业的管理水平和效率。同时，财务信息系统的建设还可以促进企业内部各部门之间的协同合作，打破“信息孤岛”现象，实现资源的优化配置和共享。

（五）加强企业风险管理

财务信息系统能够提供全面、准确的财务信息，帮助企业更好地进行风险管理。通过对财务数据的分析和挖掘，企业可以及时发现潜在的风险因素，并采取有效的措施进行防范和控制。例如，通过分析销售数据和市场趋势数据，企业可以预测未来的市场需求和竞争状况，及时调整生产和销售策略，降低市场风险。此外，财务信息系统还可以帮助企业实现内部控制和审计等方面的优化，提高企业的合规性和风险管理水平。

三、企业财务管理信息化管理系统的构建

随着信息技术的不断发展，构建企业财务管理信息化管理系统已经成为企业实现现代化管理的重要手段之一。构建企业财务管理信息化管理系统不仅可以提高企业的财务管理效率和准确性，还可以提升企业的运营能力和市场竞争力。下面将从系统架构设计、业务流程优化、安全性设计、功能模块设计以及系统实施与维护等多个方面对企业财务管理信息化管理系统的构建进行分析。

（一）系统架构设计

企业财务管理信息化管理系统的架构设计是系统建设的基础和关键。在进行系统架构设计时，需要考虑企业的实际需求和业务特点，确定系统

的硬件资源和软件资源，以及系统的组织结构和功能模块等。同时，还需要考虑到系统的可扩展性和可维护性，确保系统能够随着企业的发展和业务需求的变化而进行扩展和升级。

在进行系统架构设计时，还需要考虑到数据的安全性和稳定性。需要采取措施对数据进行备份和恢复，避免数据丢失和系统故障等问题的发生。同时，还需要对系统的操作界面和交互方式进行设计和优化，提高用户的使用体验和操作效率。

（二）业务流程优化

企业财务管理信息化管理系统的构建需要对财务管理流程进行优化和再造。通过对财务管理流程的梳理、规范和标准化，可以减少财务管理的成本和时间，提高财务管理的效率和准确性。同时，业务流程的优化还可以促进企业内部各部门之间的协同合作，实现资源的优化配置和共享。

在进行业务流程优化时，需要考虑到企业的实际业务需求和流程特点，对业务流程进行分析，找出流程中的瓶颈和问题，并提出解决方案。同时，还需要对流程进行标准化和规范化，确保流程的稳定性和可复制性。

（三）安全性设计

企业财务管理信息化管理系统的安全性是构建过程中非常重要的一部分。系统的安全性设计应该包括数据加密、访问控制、权限管理等多个方面。通过安全性设计，可以保障系统数据的安全和稳定性，避免数据泄露和系统故障等问题的发生。

（四）功能模块设计

企业财务管理信息化管理系统应该包括多个功能模块，如总账管理、财务报表编制、预算控制、资产管理等。每个功能模块应该具有独立的功能和操作界面，方便用户进行操作和使用。同时，功能模块之间应该实现数据的共享和交互，以支持企业的财务管理需求。

在进行功能模块设计时，需要考虑企业的实际需求和业务特点，对功能模块进行细化和优化。同时还需要对每个功能模块的操作界面和交互方式进行设计和优化，提高用户的使用体验和操作效率。

（五）系统实施与维护

企业财务管理信息化管理系统的实施与维护是保证系统稳定运行和长期效益的关键环节。在系统实施过程中，需要进行用户需求分析、系统配置、数据迁移等工作，并确保系统的运行稳定和性能良好。同时，系统的维护和升级也是保证系统持续性和可用性的重要环节，需要定期对系统进行检查和维护，保证系统的稳定性和可用性。

企业财务管理信息化管理系统的构建需要从系统架构设计、业务流程优化、安全性设计、功能模块设计以及系统实施与维护等多个方面入手。通过构建完善的信息化管理系统，可以提高企业的财务管理效率和准确性，提升企业的运营能力和市场竞争力。同时还需要不断对系统进行优化和升级，以适应不断变化的市场环境和竞争需求。

第二节　智能财务正在兴起

一、人工智能的内涵

人工智能（Artificial Intelligence，AI）是一种模拟人类智能的技术，旨在使计算机能够像人类一样思考、学习、推理和决策。人工智能的发展经历了多个阶段，从早期的符号主义和连接主义，到现在的深度学习和强化学习，不断发展壮大。

人工智能的实现依赖数据、算法和计算能力。数据是人工智能的基础，算法是人工智能的核心，计算能力则是人工智能得以实现和优化的重要保障。通过深度学习和神经网络等算法，人工智能能够从大量数据中提取特征、建立模型，并进行自我优化和调整。

人工智能的应用非常广泛，包括但不限于以下几个方面。

（1）自然语言处理。人工智能可以模拟人类的语言能力和思维过程，实现自然语言生成、自然语言理解、机器翻译等功能。

（2）计算机视觉。人工智能可以通过图像识别、物体检测、人脸识别等技术实现视觉智能。

（3）智能推荐。人工智能可以通过分析用户的行为和喜好，实现个性化推荐和精准营销。

（4）智能驾驶。人工智能可以通过模拟人类的驾驶行为和判断能力，实现自动驾驶和智能交通。

（5）智能医疗。人工智能可以通过分析医疗数据和病例，辅助医生进行诊断和治疗。

然而，人工智能也存在一些问题和挑战。首先，人工智能的算法可能存在偏见和错误，需要不断进行优化和调整。其次，人工智能的应用需要遵守相关法律法规和伦理规范，确保其合法、公正和透明。最后，人工智能的发展也需要更多的合作和创新，以推动其不断进步和发展。

总之，人工智能是一种具有重要价值和广泛应用的技术，需要我们不断探索和研究。未来，随着技术的不断进步和应用场景的不断扩展，人工智能将会在更多领域得到应用和发展。

二、智能时代的财务管理变化

在当下的人工智能领域，大数据和机器学习的发展带来了重要的变革。大数据技术为人工智能提供了丰富的数据资源，使得机器学习算法能够从海量数据中提取出有用的信息。而进一步的机器学习则带来了更多的发展和突破，使得人工智能可以更好地适应和应对各种复杂的任务。

如果把仿生学的人工智能称为 1.0 模式，大数据就是人工智能的 2.0 模式，机器学习是人工智能的 3.0 模式。未来，随着技术的不断发展，还会有人工智能的 4.0 模式、5.0 模式……在这个过程中，财务架构将会发生怎样的改变呢？首先，智能时代下的财务架构将更加自动化和智能化。传统的财务流程将被机器学习和人工智能取代，实现更加高效、准确、自动化的处理。同时，财务组织也将面临模式改变的挑战。传统的财务部门将被智能化财务团队取代。财务人员需要适应新的技术和模式，提高自身的技能和知识水平。

对于财务人来说，认知升级和技术提升是必不可少的。财务人员需要了解和掌握人工智能、大数据、机器学习等新技术，提高自身的数字化素养和技能水平。同时，财务人员还需要适应新的工作模式和角色定位，从传统的账房先生转变为具有战略眼光的数字化财务专家。

智能时代的到来将对财务管理产生深远的影响。财务人员需要积极应对变革的挑战，不断提升自身的数字化素养和技能水平，以适应未来的发展趋势。同时，企业也需要加强财务管理创新和技术提升，以应对日益激烈的市场竞争和不断变化的经济环境。

（一）智能时代带来财务组织模式的变革

智能时代已经深刻地改变了财务组织的模式。传统的财务组织结构正在逐渐进化，以适应这个新的时代。在智能时代，财务组织不再仅仅是处理日常的财务事务，而是向着更加智能化、自动化的方向发展。财务组织模式的变革是必然的，因为智能时代带来了更多的机遇和挑战。随着云计算、大数据、机器学习、区块链等技术的发展，财务组织需要具备更多的新职能，如大数据分析、智能共享运营等。这些新职能需要与智能时代的技术进行协同，以提高财务管理的效率和准确性。

在智能时代，财务组织的核心特点是与新技术进行协同。一方面，新技术需要有配套的财务组织进行维护，如负责财务数据管理和维护的数据运营团队、具备学习算法能力的财务建模团队等。另一方面，财务需要拥有能够运用智能技术的团队，如基于大数据的智能风险控制团队，以及能够运用大数据进行资源配置预测的新型预算团队等。然而，由于智能技术的人才及相关资源还没有普及，财务组织的转变难以一蹴而就。在智能时代，合理路径应当是前瞻性的组织架构变革先行，人员培养和获取随后跟进，最终建立新型财务组织。

在财务组织模式变革的过程中，需要注意以下几点。

（1）人才培养。财务人员需要不断学习和提升自己的技能水平，以适应智能时代的需求。企业需要加强人才培养，提供相应的培训和学习机会。

（2）技术升级。企业需要不断升级和更新自己的技术系统，以适应智能时代的需求。这包括财务管理系统、数据管理系统、风险控制系统等。

（3）流程优化。企业需要不断优化自己的业务流程，以适应智能时代的需求。这包括财务流程、采购流程、销售流程等。

（4）信息安全。在智能时代，信息安全问题尤为重要。企业需要加强信息安全保护，确保财务信息的安全性和可靠性。

总之，智能时代的到来对财务组织模式带来了深刻的影响。企业需要积极应对变革的挑战，加强人才培养和技术升级，优化业务流程和加强信息安全保护等方面的工作，以适应这个新的时代。

（二）智能时代带来财务人的认知升级

智能时代不仅改变了财务组织的模式，也带来了财务人认知的升级。在这个时代，财务人需要适应新的技术和环境，提高自身的数字化素养和技能水平，以更好地应对智能时代的挑战。

财务人需要了解和掌握人工智能、大数据、机器学习等新技术。这些技术不仅是未来财务管理的趋势，也是财务人提高自身竞争力的关键。通过学习这些技术，财务人可以更好地理解数据、分析问题，并运用智能技术提高工作效率和准确性。

财务人需要适应新的工作模式和角色定位。在智能时代，财务人不仅需要掌握传统的账务处理技能，还需要具备战略眼光和决策能力。他们需要与业务团队密切合作，深入了解业务需求，并提供更加准确和及时的财务信息。此外，财务人还需要扮演更多的管理角色，如风险管理、成本控制等，以支持企业的战略决策。

财务人需要适应不断变化的经济环境和企业需求。随着企业的不断发展，财务管理的要求也在不断变化。财务人需要时刻关注市场动态和政策变化，了解企业战略和目标，以及时调整自己的工作方式和思路。

智能时代对财务人的认知升级提出了更高的要求。财务人需要不断学习和适应新的技术和环境，提高自身的数字化素养和技能水平，以更好地应对智能时代的挑战。同时，企业也需要为财务人提供更多的培训和学习机会，帮助他们实现认知升级和提高自身竞争力，以适应智能财务对财务管理人员的要求。

（三）智能时代带来财务信息技术的晋级

智能时代不仅改变了财务组织和财务人的认知，也带来了财务信息技术的晋级。在这个时代，云计算、大数据、机器学习、区块链等新技术不断涌现，为财务管理提供了更多的可能性。

云计算技术的应用使得财务管理更加灵活和高效。通过云计算平台，企业可以随时随地访问自己的财务数据和管理系统，实现远程办公和移动办公。同时，云计算还可以提供弹性的计算和存储资源，满足企业不断变化的财务需求。

大数据技术的应用使得财务管理更加全面和准确。通过大数据分析，企业可以获取更多的财务数据和信息，从而更好地了解自身的财务状况和市场趋势。同时，大数据还可以提供更加准确的预测和分析结果，帮助企业作出更加明智的决策。

机器学习技术的应用使得财务管理更加智能化和自动化。通过机器学习算法，企业可以自动化地处理大量的财务数据和信息，提高工作效率和准确性。同时，机器学习还可以帮助企业发现数据中的规律和趋势，提前预警和解决问题。

区块链技术的应用使得财务管理更加安全和透明。通过区块链技术，企业可以实现分布式记账和去中心化交易，提高财务数据的安全性和透明度。同时，区块链还可以帮助企业实现自动化审计和合规管理，减少财务风险和违规行为。

智能时代带来了财务信息技术的晋级，为财务管理提供了更多的可能性。企业需要不断探索和应用新的技术，提高财务管理效率和准确性，以更好地适应智能时代的需求。同时，还需要加强信息安全保护和合规管理等方面的工作，确保财务数据的安全性和可靠性。

三、财务智能化功能的构建

（一）数据采集与分析

数据采集与分析是财务智能化功能构建的基础。在这个过程中，企业需要从各种来源和类型的数据中提取与财务相关的数据，包括内部业务系统、外部市场数据、银行账户交易数据等。这些数据需要通过云计算平台进行清洗、整合和标准化，以便后续的数据分析和决策支持。

通过大数据技术和机器学习算法，企业可以对这些财务数据进行深入的分析和挖掘。例如，可以利用时间序列分析方法对财务数据进行趋势分析和预测，或者利用关联规则挖掘方法发现不同财务指标之间的关联和影响。这些分析结果可以帮助企业更好地了解自身的财务状况和市场趋势，为后续的决策提供支持。

在数据采集与分析过程中，还需要注意以下几点。

（1）数据质量。财务数据的准确性和完整性对后续的决策支持至关重要。因此，在数据采集过程中需要进行严格的数据清洗和校验，以保证数据的准确性和完整性。

（2）数据隐私。财务数据通常涉及企业的商业机密和客户隐私，因此需要在数据采集和分析过程中加强数据隐私保护，遵守相关法律法规和伦理规范。

（3）数据安全。由于财务数据的敏感性和重要性，需要在数据采集和分析过程中加强数据安全保护，防范黑客攻击和内部人员泄露数据的风险。

总之，数据采集与分析是财务智能化功能构建的基础，需要企业从各种来源和类型的数据中提取财务相关数据，并利用大数据技术和机器学习算法进行深入的分析和挖掘。同时还需要注意数据质量、隐私和安全等方面的问题，以确保后续的决策支持的准确性和可靠性。

（二）自动化账务处理

自动化账务处理是财务智能化功能构建的重要组成部分。通过机器学习算法和自然语言处理技术，企业可以实现自动化识别、分类和处理财务凭证，自动生成会计分录和财务报表。

（1）凭证识别与分类。利用自然语言处理技术，自动化账务系统可以自动识别和分类各种类型的财务凭证，如发票、报销单、银行对账单等。通过对凭证内容的分析和理解，系统可以将凭证归为不同的类别，如收入、支出、资产等。

（2）数据提取与处理。自动化账务系统可以自动从凭证中提取有用的信息，如金额、科目、日期等，并将其转换为标准的财务数据格式。同时，系统还可以对数据进行清洗、整理和校验，确保数据的准确性和完整性。

（3）会计分录生成。根据提取的数据和分类的凭证，自动化账务系统可以自动生成会计分录，将经济业务转化为会计语言进行记录。分录的生成可以基于规则引擎或机器学习算法，根据企业的业务特点和会计制度进行定制。

（4）财务报表生成。基于会计分录和其他财务数据，自动化账务系统可以自动生成各种财务报表，如资产负债表、利润表和现金流量表等。报表的生成可以采用预定义的报表模板，或根据企业的需求进行定制。

通过自动化账务处理，企业可以大幅提高财务工作的效率和质量，减少人为错误和信息失真。同时，自动化账务处理还可以释放出大量的人力资源，使其可以专注于更高价值的财务分析和决策支持工作。此外，自动化账务处理还可以帮助企业实现更精细化的财务管理，提高企业的合规性和透明度。

（三）智能税务管理

智能税务管理是财务智能化功能中的核心模块之一，它结合了自然语言处理技术和机器学习算法，使企业能够实现自动化税务申报、税款缴纳和税务审计等功能。这些功能对于提高企业的税务管理效率和降低税务风险具有重要意义。

首先，通过自然语言处理技术，智能税务系统可以自动解析和处理大量的税务文档，包括税务发票、税务申报表等。系统能够从这些文档中提取关键信息，如税种、税率、计税依据等，并对其进行处理。这种自动化处理方式极大地简化了传统的手动处理过程，减少了人为错误和信息失真的风险。同时，系统还能够对税务文档进行自动分类和归档，从而提高了档案管理效率。

其次，机器学习算法在智能税务管理中发挥着重要作用。利用历史税务数据和相关业务数据，智能税务系统可以通过机器学习算法建立风险评估模型。该模型能够对企业的税务风险进行预测和评估，帮助企业及时发现潜在的税务问题。通过这种预测，企业可以提前采取相应的措施进行防范和解决，从而避免潜在的税务风险。

最后，智能税务管理还实现了自动化税务审计功能。系统可以根据预设的规则和模型，自动检查和核对企业的税务记录和申报。通过自动化审计，企业可以及时发现可能的违规行为或错误，并对其进行纠正。这不仅提高了税务审计的效率和准确性，也降低了因人为错误或欺诈行为而引发的税务风险。同时，自动化审计还可以帮助企业实现合规管理，确保企业遵守相关税务法规和规定。

（四）风险管理

财务智能化功能中的风险管理模块是至关重要的。通过大数据技术和机器学习算法的运用，企业可以实现自动化风险评估、预警和应对等功能，帮助企业更好地了解自身的财务状况和市场趋势，提前预警和解决潜在风险。

首先，通过大数据技术，企业可以实时采集和整合来自各个渠道的数据，包括财务数据、市场数据、行业数据等。这些数据经过处理和分析后，可以提供全面的信息和洞察，帮助企业了解自身的财务状况和市场趋势。通过对数据的深入挖掘和分析，企业可以发现潜在的风险点和风险趋势。

其次，机器学习算法在风险管理方面发挥着重要作用。通过训练机器学习模型，企业可以根据历史数据预测未来的风险趋势和风险程度。这些预测可以帮助企业提前预警潜在的风险，并制定相应的应对措施。同时，机器学习算法还可以帮助企业优化风险控制策略，降低风险对企业的影响。

最后，财务智能化风险管理还包括自动化风险评估功能。通过预设的评估模型和指标，系统可以自动评估企业的财务风险、市场风险、操作风险等。这些评估结果可以帮助企业了解自身的风险状况，并制定相应的风险管理策略。

（五）决策支持

财务智能化功能的决策支持模块是通过对大数据和机器学习算法的运用，为企业提供战略决策支持的重要环节。它可以帮助企业更好地了解市场趋势和客户需求，优化资源配置，提高经济效益，以及降低风险。

首先，通过大数据分析技术，企业可以收集、整合和分析大量来自各个业务部门和外部环境的数据。这些数据涵盖了财务、市场、供应链、技术等多个领域，为企业提供了全面的信息和洞察。通过对这些数据的深入挖掘和分析，企业可以获取有价值的洞察和预测，了解市场趋势和客户的需求。

其次，机器学习算法在决策支持中发挥着重要作用。通过训练机器学习模型，企业可以利用历史数据预测未来的市场趋势和客户需求。这些预测可以帮助企业提前制定战略决策，以适应市场变化和满足客户需求。同时，机器学习算法还可以帮助企业优化资源配置，提高生产效率和市场竞争力。

最后，财务智能化决策支持还包括财务预测和规划功能。系统可以根据企业的历史数据和市场趋势，自动生成财务预测和规划报告。这些报告可以帮助企业了解未来的财务状况和经营成果，从而制定相应的战略决策。

财务智能化功能的构建需要从数据采集与分析、自动化账务处理、智能税务管理、风险管理和决策支持等多个方面入手。通过不断探索和应用新的技术，企业可以实现财务管理的智能化和自动化，提高工作效率和准确性，以更好地适应智能时代的需求。

第三节　区块链技术的应用

2017 年，董莉在《区块链：诗不在远方》一文中谈到：区块链是一种公共记账的机制，通过建立一组互联网上的公共账本，网络中所有用户共同在账本上记账与核账，来保证信息的真实性和不可篡改性。区块链存储数据的结构是由网络上一个个存储区块组成的链条，每个区块中包含了一定时间内网络中全部的信息交流数据。

一、区块链技术的特点

（一）去中心化

区块链技术采用分布式账本，没有中心化的管理机构，所有数据都是点对点传输，具有极高的安全性和透明度。这种去中心化的特点使得区块链上的数据不再依赖某个中心化的服务器或者管理机构，从而大大提高了数据的安全性和可信度。

在传统的中心化系统中，数据的存储和管理通常依赖一个中心化的服务器或管理机构。这种集中式的存储和管理方式虽然方便，但也存在着一些潜在的风险和问题。例如，中心化服务器或管理机构容易成为攻击的目标，一旦被攻破，整个系统的数据安全性和可信度就会受到极大的威胁。此外，中心化服务器或管理机构也存在着人为操作和管理不规范等因素，容易导致数据的不真实或不可信。

而去中心化的区块链技术通过分布式账本和点对点传输的方式，有效地解决了这些问题。分布式账本意味着数据的存储和管理是分散的，没有单一的故障点可以被攻击。点对点传输则意味着数据的传输和处理是直接在节点之间进行的，不需要经过中心化的服务器或管理机构，从而避免了数据被篡改或删除的风险。

具体来说，区块链技术的去中心化特点体现在以下几个方面。

（1）分布式账本。区块链技术采用分布式账本，每个节点都有完整的账本副本。这种分布式的存储方式使得数据不是由某个中心化的机构掌控，而是由整个网络共同维护和更新。

（2）点对点传输。区块链技术采用点对点的传输方式，节点之间可以直接传输数据。这种传输方式避免了数据被中心化的服务器或管理机构截获或篡改的风险，提高了数据的真实性和可信度。

（3）去信任机制。区块链技术采用去信任机制，即节点之间在传输数据时不需要相互信任。这种机制有效地避免了因为信任问题而导致的欺诈或舞弊行为的发生。

（4）安全性高。区块链技术采用密码学技术保证数据的安全性，同时通过共识机制确保数据的合法性和可信度。这种安全性高的特点使得区块链成为一个高度安全的数据存储和传输平台。

区块链技术的去中心化特点使得数据的存储和管理更加安全和透明。在财务管理中，这种特点可以避免财务舞弊和欺诈行为的发生，提高企业的透明度和公信力。同时，这种去中心化的特点也使得区块链成为一个高度可靠的信任建立机制。由于区块链上的数据具有极高的安全性和可信度，人们可以基于区块链的数据信任机制来建立基于数据的信任关系。这对于企业之间的合作和业务拓展具有重要意义。

（二）不可篡改

区块链技术的不可篡改性是指一旦数据被写入区块链，就会被永久保存下来，无法被篡改或删除。这种特点有效地保障了数据的真实性和完整性，使得区块链上的数据具有极高的可信度。

在传统的数据存储和处理系统中，数据的真实性和完整性往往容易受到人为操作和管理不规范等因素的影响。数据可能会因为各种原因被篡改或删除，导致数据的可信度下降。而区块链技术的不可篡改性使得数据一旦被写入区块链，就无法被篡改或删除，从而使得数据的可信度得到了极大的提高。

具体来说，区块链技术的不可篡改性体现在以下几个方面。

（1）数据永久保存。在区块链上，数据是以块的形式永久保存的，每个块都包含了一定的信息和一个时间戳。这种永久保存的方式使得数据不会因为时间的推移而消失，从而保证了数据的真实性和完整性。

（2）分布式账本。区块链技术采用分布式账本，每个节点都有完整的账本副本。这种分布式的存储方式使得数据不会因为某个节点被攻击或失效而丢失，从而保证了数据的可靠性和完整性。

（3）密码学技术。区块链技术采用密码学技术对数据进行加密和解密，保证了数据的机密性和完整性。即使数据被截获或窃取，也无法被篡改或删除，从而保证了数据的真实性和完整性。

（4）共识机制。区块链技术采用共识机制来保证数据的合法性和可信度。在共识机制下，节点之间会相互验证数据，只有达到一定的共识才能将数据写入区块链。这种共识机制有效地避免了数据被恶意篡改或删除的情况发生。

区块链技术的不可篡改性有效地保障了数据的真实性和完整性。在财务管理中，这种特点可以避免财务舞弊和欺诈行为的发生，提高企业的透明度和公信力。同时，这种不可篡改的特点也使得基于区块链的数据信任机制得以实现。由于区块链上的数据具有极高的可信度，人们可以基于区块链的数据信任机制来建立基于数据的信任关系。这对于企业之间的合作和业务拓展具有重要意义。

（三）透明度高

区块链技术的透明度高是指其上的数据是公开透明的，任何人都可以查看和验证，这一特点在许多应用场景中都显得至关重要。特别是在企业财务管理中，透明度高可以有效地提高企业的透明度和公信力。

在传统的财务管理模式中，数据的透明度和公信力往往容易受到人为操作和管理不规范等因素的影响，财务数据的不透明和不真实情况时有发生，这不仅会损害企业的公信力，还可能引发各种信任危机。而区块链技术的公开透明性使得任何人都可以查看和验证区块链上的数据，这就大大提高了数据的透明度和公信力。

具体来说，区块链技术的透明度高体现在以下几个方面。

（1）数据公开可见。在区块链上，所有数据都是公开可见的，这意味着任何人都可以查看和验证区块链上的数据。这种公开可见性使得数据更加透明化，从而提高了数据的可信度。

（2）防止数据篡改。由于区块链技术的不可篡改性，一旦数据被写入区块链，就会被永久保存下来。这使得数据更加真实可靠，避免了数据被篡改或删除的情况发生。

（3）保证数据来源真实。区块链上的每个节点都有完整的账本副本，使得数据的来源更加真实。由于数据不是由某个中心化的机构掌控，因此可以有效地避免单点故障和信任问题。

（4）提高数据共享效率。由于区块链上的数据是公开透明的，因此可以实现点对点的交易和数据传输。这种去中心化的数据共享方式可以提高数据的共享效率，降低交易成本。

（四）安全性强

区块链技术采用了密码学技术保证数据的安全性，同时通过共识机制确保数据的合法性和可信度。这种安全性强的特点使得区块链成为一个高度安全的数据存储和传输平台。在传统的数据存储和处理系统中，数据的安全性和隐私往往容易受到人为操作和管理不规范等因素的影响。而区块链技术的安全性使得用户的数据安全和隐私得到了极大的保护。由于区块链上的数据具有极高的安全性和可信度，人们可以基于区块链的数据信任机制来建立基于数据的信任关系。

总之，区块链技术的去中心化、不可篡改、透明度高和安全性强的特点使得其成为一个高度可靠的数据存储和传输平台。这些特点使得区块链技术可以有效地保护用户的数据安全和隐私，提高数据的透明度和公信力，以及建立基于数据的信任关系。同时，这些特点也使得区块链技术在企业财务管理中具有广泛的应用前景。

二、区块链在财务管理中的应用场景

尽管区块链给我们的第一印象是和财务紧密相关，但在实际研究中，区块链的应用在金融领域中得到了最多的关注。幸运的是，金融和公司财务管理之间存在紧密的联系，这使得区块链能够迅速地进入首席财务官们的视野。本书将根据自己的理解和预测，探讨区块链和财务管理之间可能的应用场景和方式。从区块链的特征来看，涉及多方信任的问题是非常适合使用区块链来解决的。区块链的去中心化、点对点网络、共享账簿等特点，能够增加多方交易的可信度，从而改变当前的业务模式。从这个角度来说，可以从五个方面来设计区块链在财务领域的应用场景，如图 7-1 所示。

图 7-1　区块链财务应用场景

（一）跨境清结算

在如今全球经济环境中，跨境清结算是一个重要但充满挑战的领域。尽管国内清结算交易相对简单，但在跨境交易中，由于涉及多个国家、多种货币、多种法规以及不同银行之间的交互，清结算的难度和压力明显加大。

跨境清结算目前主要依赖 SWIFT 组织。SWIFT 是一个国际银行间的电讯组织。它通过一套基于 SWIFT Code 的代码体系，将各个国家的银行构建成一个网络，使我们能够进行跨境的转账支付交易。然而，这套体系存在一些显著的问题，如高昂的手续费和相对漫长的转账周期。作为交易过程中的中心机构，SWIFT 对于改变的动力并不强，因为这涉及众多银行的利益和操作习惯。

然而，随着区块链技术的出现，这种基于中心组织的清结算体制有可能被打破。区块链技术具有去中心化的特点，可以构建一个全球范围内的交易平台，使用户能够以更低的费用、更快的速度完成跨境转账。实际上，已经有很多银行和区块链创新组织在积极探索和尝试这种新技术，这也促使 SWIFT 意识到自我改变的必要性。因此，SWIFT 在 2016 年年初启动了基于区块链技术的全新技术路线图，试图通过引入新技术来改善和提高跨境清结算的效率和安全性。

可以预见的是，随着区块链技术的持续发展和完善，以及越来越多银行的参与和应用，跨境清结算将逐渐变得更加高效、安全和便捷。这将为全球贸易和投资的发展提供强大的推动力，并为未来全球金融体系的构建和优化提供新的可能性。

（二）智能合约

智能合约是一种涉及双方或多方信任的场景，它本质上是一种商业契约，用于规定企业之间进行商贸活动的行为准则。然而，在区块链技术的支持下，合约的可信度得到了极大的提升。通过电子数据的形式，合约的签订和承载变得更加便捷和安全，这使得合约背后的财务执行可以更多地考虑自动化处理。

智能合约的概念最早由密码学家和数字货币研究者尼克·萨德在 1994 年提出。他将其定义为一套以数字形式定义的承诺，包括合约参与方可以在上面执行这些承诺的协议。简单地说，智能合约的所有触发条件都可以用计算机代码编译，当条件被触发时，合约将由系统而非一个中介组织来自动执行。在没有区块链的时候，智能合约依赖的中心系统难以得到合约双方的认可。这是因为中心系统可能存在单点故障和信任问题，这使得智能合约的执行和监控变得困难。然而，区块链的出现使得这一设想成为可能。

区块链技术为智能合约提供了去中心化、安全性和透明性的保障。通过区块链平台，智能合约可以与外部数据源、资产和参与者进行交互，并且能够自动执行合约条款。这不仅简化了财务处理流程，而且有力地支持了智能财务的实现。基于智能合约的自动触发机制，财务结算、会计核算等处理都将得到极大的简化。例如，当智能合约的预设条件被满足时，系统将自动执行合约条款并触发相应的财务操作。这不仅可以减少人为干预和错误，而且可以大大提高财务处理的效率和准确性。

（三）关联交易

关联交易在财务领域一直是一个备受关注的问题，特别是在处理各方账簿的记账和核对过程中。由于关联交易各方的账簿分别由各自的属主管理，这就使得在关联交易发生后，各方账簿的记账和核对工作变得异常复杂。与有一个集中的账簿不同，在关联交易模式下，没有集中的记账机制，也没有一个可信的中心机构来保障交易的公正性和安全性。因此，很多时候，关联交易的核对会出现问题，甚至引发争议和纠纷。一些大型企业也曾试图通过构建一个中心化的登记系统来解决这个问题，让所有的关联交易方在这个中心完成交易登记，从而实现对账和清算。然而，这种中心化的解决方案不仅增加了交易的成本和复杂性，还可能出现单点故障和信任问题。例如，如果这个中心化的系统出现故障或被黑客攻击，那么整个交易系统可能会陷入瘫痪，导致严重的经济损失。

区块链技术的出现为我们提供了一个全新的解决方案。通过区块链的去中心化特性和可靠的安全机制，我们可以实现新的关联交易管理模式。这种模式不再依赖中心化的账簿或登记系统，而是通过分布式的账簿来记录和管理关联交易。在区块链的分布式账簿中，每个参与方都有自己的账簿副本，并且可以独立地更新和维护自己的账簿。当发生关联交易时，交易各方可以通过智能合约来协商并自动执行交易条款。智能合约可以确保交易的公正性和透明性，并减少人为干预和错误。同时，区块链的安全机制可以防止欺诈和篡改，确保交易的真实性和可信度。

通过区块链技术，我们可以实现实时对账和清算，提高交易的效率和准确性。这将大大降低交易成本和风险，同时提高企业的运营效率和市场竞争力。除了解决记账和核对问题，区块链技术还可以解决其他与关联交易相关的问题。例如，通过区块链技术可以建立更加透明和可信的交易平台，降低信息不对称和信任成本。同时，区块链技术可以加强内部控制和风险管理，防止利益输送和权力寻租等不正当行为的发生。

（四）业财一致性

业财一致性是确保企业业务活动与其财务记录保持一致的关键。然而，在现实中，业务系统和财务系统之间的信息不一致问题经常困扰着企业。这种不一致可能导致财务报告不准确、难以追踪业务交易等问题，进而影响到企业的决策和运营效率。

为了解决业财一致性问题，企业需要采取措施来协调业务系统和财务系统之间的信息交互。一种可能的解决方案是引入区块链技术来构建一套业财账簿体系。这种体系可以作为业务系统和财务系统之间的桥梁，确保业务数据与财务数据的一致性和可追溯性。通过采用区块链技术的分布式账簿，企业可以有效地解决数据不一致和信息失真的问题。每个业务活动都可以被记录在区块链账簿上，并与其他相关数据进行交叉验证和核对。这不仅可以提高数据的准确性和透明度，还可以降低财务风险和加强内部控制。除了解决数据一致性问题，业财账簿体系还可以提高企业的运营效率。

通过引入区块链技术构建业财账簿体系是一种可行的解决方案来解决业财一致性问题。这种方案不仅可以提高数据的准确性和透明度，降低财务风险，还可以提高企业的运营效率和决策能力。然而，实施这种方案需要投入大量的人力和物力资源，并需要解决不同部门、不同系统之间的信息交互和数据共享问题。因此，企业在决定是否采用这种方案时需要综合考虑其可行性和成本效益。

（五）社会账簿和审计的消亡

当整个社会的商业活动完全基于区块链进行时，每个企业的财务记账方式将发生巨大变化。在区块链的框架下，每个企业都成了一个节点，它们之间的每笔交易都通过区块链进行多点记账。这种记账方式具有极高的可靠性和透明度，使得虚假账目几乎不可能存在。

由于所有企业间的交易记录都是公开透明的，税务和财政等监管部门可以实时监控并核查这些交易记录，传统的发票和审计流程在这个过程中可能变得不再必要，因为区块链技术可以提供完整、准确的交易记录和证据。这将对监管审计和第三方审计的需求产生深远影响，可能导致这些领域的逐渐消亡。

在社会账簿和审计消逝的背景下，企业的财务管理和商业决策将更加依赖区块链技术的准确性和透明性。这将为企业带来更高的商业信任和更多的合作机会，推动商业的繁荣和发展。

参 考 文 献

[1] 《企业财务风险管理》编写组．企业财务风险管理[M]．北京：企业管理出版社，2014．
[2] 马万里．风险投资决策优化研究：基于浙江的实证[M]．杭州：浙江工商大学出版社，2016．
[3] 王小沐，高玲．大数据时代我国企业的财务管理发展与变革[M]．长春：东北师范大学出版社，2017．
[4] 王文，周苏．大数据可视化[M]．北京：机械工业出版社，2019．
[5] 王雅姝．大数据背景下的企业管理创新与实践[M]．北京：九州出版社，2019．
[6] 车品觉．决战大数据：大数据的关键思考[M]．杭州：浙江人民出版社，2016．
[7] 卢山．企业信息化投资决策模型与方法研究[M]．北京：首都经济贸易大学出版社，2017．
[8] 刘春姣．互联网时代的企业财务会计实践发展研究[M]．成都：电子科技大学出版社，2019．
[9] 刘媛，姜剑，胡琳．企业财务管理与内部审计研究[M]．郑州：黄河水利出版社，2019．
[10] 孙向杰．领跑大数据时代[M]．沈阳：辽海出版社，2016．
[11] 孙晓霞，谢冶博．赢面[M]．北京：中国经济出版社，2019．
[12] 李克红．“互联网+”时代财务管理创新研究[M]．北京：首都经济贸易大学出版社，2018．
[13] 李艳华．大数据信息时代企业财务风险管理与内部控制研究[M]．长春：吉林人民出版社，2019．
[14] 李晓龙．大数据财务分析 R 与 Hadoop 实训[M]．北京：经济管理出版社，2018．
[15] 杨林霞，刘晓晖．中小企业财务管理创新研究与改革[M]．长春：吉林人民出版社，2019．
[16] 杨继美，周长伟．玩转财务大数据金税三期纳税实务[M]．北京：机械

工业出版社，2017.
[17] 宋彪. 基于大数据的企业财务预警理论与方法研究[M]. 北京：经济科学出版社，2015.
[18] 张齐. 大数据财务管理[M]. 北京：人民邮电出版社，2016.
[19] 张学惠，张晶. 企业财务管理[M]. 北京：北京交通大学出版社，2014.
[20] 周苏，王文. 大数据及其可视化[M]. 北京：中国铁道出版社，2016.
[21] 赵燕,李艳. 企业财务管理[M]. 北京:首都经济贸易大学出版社,2016.
[22] 南京晓庄学院经济与管理学院. 企业财务管理[M]. 南京：东南大学出版社，2017.
[23] 倪向丽. 财务管理与会计实践创新艺术[M]. 北京：中国商务出版社，2018.
[24] 姬潮心，王媛. 大数据时代下的企业财务管理研究[M]. 北京：中国水利水电出版社，2018.
[25] 董超. 一本书搞懂企业大数据[M]. 北京：化学工业出版社，2017.
[26] 董皓. 智能时代财务管理[M]. 北京：电子工业出版社，2018.
[27] 潘栋梁，于新茹. 大数据时代下的财务管理分析[M]. 长春：东北师范大学出版社，2017.